浙江馆藏文物大典

越地藏珍

绘画卷

主　编
周永良

浙江省文物局　编
浙江古籍出版社

浙江文化研究工程成果文库总序

有人将文化比作一条来自老祖宗而又流向未来的河，这是说文化的传统，通过纵向传承和横向传递，生生不息地影响和引领着人们的生存与发展；有人说文化是人类的思想、智慧、信仰、情感和生活的载体、方式和方法，这是将文化作为人们代代相传的生活方式的整体。我们说，文化为群体生活提供规范、方式与环境，文化通过传承为社会进步发挥基础作用，文化会促进或制约经济乃至整个社会的发展。文化的力量，已经深深熔铸在民族的生命力、创造力和凝聚力之中。

在人类文化演化的进程中，各种文化都在其内部生成众多的元素、层次与类型，由此决定了文化的多样性与复杂性。

中国文化的博大精深，来源于其内部生成的多姿多彩；中国文化的历久弥新，取决于其变迁过程中各种元素、层次、类型在内容和结构上通过碰撞、解构、融合而产生的革故鼎新的强大动力。

中国土地广袤、疆域辽阔，不同区域间因自然环境、经济环境、社会环境等诸多方面的差异，建构了不同的区域文化。区域文化如同百川归海，共同汇聚成中国文化的大传统，这种大传统如同春风化雨，渗透于各种区域文化之中。在这个过程中，区域文化如同清溪山泉潺潺不息，在中国文化的共同价值取向下，以自己的独特个性支撑着、引领着本地经济社会的发展。

从区域文化入手，对一地文化的历史与现状展开全面、系统、扎实、有序的研究，一方面可以藉此梳理和弘扬当地的历史传统和文化资源，繁荣和丰富当代的先进文化建设活动，规划和指导未来的文化发展蓝图，增强文化软实力，为全面建设小康社会、加快推进社会主义现代化提供思想保证、精神动力、智力支持和舆论力量；另一方面，这也是深入了解中国文化、研究中国文化、发展中国文化、创新中国文化的重要途径之一。如今，区域文化研究日益受到各地重视，成为我国文化研究走向深入的一个重要标志。我们今天实施浙江文化研究工程，其目的和意义也在于此。

千百年来，浙江人民积淀和传承了一个底蕴深厚的文化传统。这种文化传统的独特性，正在于它令人惊叹的富于创造力的智慧和力量。

浙江文化中富于创造力的基因，早早地出现在其历史的源头。在浙江新石器时代最为著名的跨湖桥、河姆渡、马家浜和良渚的考古文化中，浙江先民们都以不同凡响的作为，在中华民族的文明之源留下了创造和进步的印记。

浙江人民在与时俱进的历史轨迹上一路走来，

秉承富于创造力的文化传统，这深深地融汇在一代代浙江人民的血液中，体现在浙江人民的行为上，也在浙江历史上众多杰出人物身上得到充分展示。从大禹的因势利导、敬业治水，到勾践的卧薪尝胆、励精图治；从钱氏的保境安民、纳土归宋，到胡则的为官一任、造福一方；从岳飞、于谦的精忠报国、清白一生，到方孝孺、张苍水的刚正不阿、以身殉国；从沈括的博学多识、精研深究，到竺可桢的科学救国、求是一生；无论是陈亮、叶适的经世致用，还是黄宗羲的工商皆本；无论是王充、王阳明的批判、自觉，还是龚自珍、蔡元培的开明、开放，等等，都展示了浙江深厚的文化底蕴，凝聚了浙江人民求真务实的创造精神。

代代相传的文化创造的作为和精神，从观念、态度、行为方式和价值取向上，孕育、形成和发展了渊源有自的浙江地域文化传统和与时俱进的浙江文化精神，她滋育着浙江的生命力、催生着浙江的凝聚力、激发着浙江的创造力、培植着浙江的竞争力，激励着浙江人民永不自满、永不停息，在各个不同的历史时期不断地超越自我、创业奋进。

悠久深厚、意韵丰富的浙江文化传统，是历史赐予我们的宝贵财富，也是我们开拓未来的丰富资源和不竭动力。党的十六大以来推进浙江新发展的实践，使我们越来越深刻地认识到，与国家实施改革开放大政方针相伴随的浙江经济社会持续快速健康发展的深层原因，就在于浙江深厚的文化底蕴和文化传统与当今时代精神的有机结合，就在于发展先进生产力与发展先进文化的有机结合。今后一个时期浙江能否在全面建设小康社会、加快社会主义现代化建设进程中继续走在前列，很大程度上取决于我们对文化力量的深刻认识、对发展先进文化的高度自觉和对加快建设文化大省的工作力度。我们应该看到，文化的力量最终可以转化为物质的力量，文化的软实力最终可以转化为经济的硬实力。文化要素是综合竞争力的核心要素，文化资源是经济社会发展的重要资源，文化素质是领导者和劳动者的首要素质。因此，研究浙江文化的历史与现状，增强文化软实力，为浙江的现代化建设服务，是浙江人民的共同事业，也是浙江各级党委、政府的重要使命和责任。

2005年7月召开的中共浙江省委十一届八次全会，作出《关于加快建设文化大省的决定》，提出要从增强先进文化凝聚力、解放和发展生产力、增强社会公共服务能力入手，大力实施文明素质工程、文化精品工程、文化研究工程、文化保护工程、文化产业促进工程、文化阵地工程、文化传播工程、文化人才工程等“八项工程”，实施科教兴国和人才强国战略，加快建设教育、科技、卫生、体育等“四个强省”。作为文化建设“八项工程”之一的文化研究工程，其任务就是系统研究浙江文化的历史成就和当代发展，深入挖掘浙江文化底蕴、研究浙江现象、总结浙江经验、指导浙江未来的发展。

浙江文化研究工程将重点研究“今、古、人、文”四个方面，即围绕浙江当代发展问题研究、浙江历史文化专题研究、浙江名人研究、浙江历史文献整理四大板块，开展系统研究，出版系列丛书。在研究内容上，深入挖掘浙江文化底蕴，系统梳理和分析浙江历史文化的内部结构、变化规律和地域特色，坚持和发展浙江精神；研究浙江文化与其他地域文化的异同，厘清浙江文化在中国文化中的地位和相互影响的关系；围绕浙江生动的当代实践，深入解读浙江现象，总结浙江经验，指导浙江发展。在研究力量上，通过课题组织、出版资助、重点研究基地建设、加强省内外大院名校合作、整合各地各部门力量等途径，形成上下联动、学界互动的整体合力。在成果运用上，注重研究成果的学术价值和应用价值，充分发挥其认识世界、传承文明、创新理论、咨政育人、服务社会的重要作用。

我们希望通过实施浙江文化研究工程，努力用浙江历史教育浙江人民、用浙江文化熏陶浙江人民、用浙江精神鼓舞浙江人民、用浙江经验引领浙江人民，进一步激发浙江人民的无穷智慧和伟大创造能力，推动浙江实现又快又好发展。

今天，我们踏着来自历史的河流，受着一方百姓的期许，理应负起使命，至诚奉献，让我们的文化绵延不绝，让我们的创造生生不息。

2006年5月30日于杭州

浙江文化研究工程成果文库序言

袁 家 军

浙江是中华文明的发祥地之一，历史悠久、人文荟萃，素称“文物之邦”“人文渊薮”，从河姆渡的陶灶炊烟到良渚的文明星火，从吴越争霸的千古传奇到宋韵文化的风雅气度，从革命红船的扬帆起航到建国初期的筚路蓝缕，从改革开放的敢为人先到新时代的变革创新，都留下了弥足珍贵的历史文化财富。纵览浙江发展的历史，文化是软实力、也是硬实力，是支撑力、也是变革力，为浙江干在实处、走在前列、勇立潮头提供了独特的精神激励和智力支持。

2003年，习近平总书记在浙江工作时作出“八八战略”重大决策部署，明确提出要进一步发挥浙江的人文优势，积极推进科教兴省、人才强省，加快建设文化大省。2005年7月，习近平同志主持召开省委十一届八次全会，亲自擘画加快建设文化大省的宏伟蓝图。在习近平同志的亲自谋划、亲自布局下，浙江形成了文化建设“3+8+4”的总体框架思路，即全面把握增强先进文化的凝聚力、解放和发展文化生产力、提高社会公共服务力等“三个着力点”，启动实施文明素质工程、文化精品工程、文化研究工程、文化保护工程、文化产业促进工程、文化阵地工程、文化传播工程、文化人才工程等“八项工程”，加快建设教育、科技、卫生、体育等“四个强省”，构建起浙江文化建设的“四梁八柱”。这些年来，我们按照习近平总书记当年作出的战略部署，坚持一张蓝图绘到底、一任接着一任干，不断推进以文铸魂、以文育德、以文图强、以文传道、以文兴业、以文惠民、以文塑韵，走出了一条具有中国特色、时代特征、浙江特点的文化发展之路。

文化研究工程是浙江文化建设最具标志性的成果之一。随着第一期和第二期文化研究工程的成功实施，产生了一批重点研究项目和重大研究成果，培育了一批具有浙江特色和全国影响的优势学科，打造了一批高水平的学术团队和在全国有影响力的学术名师、学科骨干。2015年结束的第一批浙江文化研究工程共立研究项目811项，出版学术著作千余部。2017年3月启动的第二期浙江文化研究工程，已开展了52个系列研究，立重大课题65项、重点课题284项，出版学术著作1000多部。特别是形成了《宋画全集》等中国历代绘画大系、《共和国命运的抉择与思考——毛泽东在浙江的785个日日夜夜》等领袖与浙江研究系列、《红船逐浪：浙江“站起来”的革命历程与精神传承》等“浙100年”研究系列、《浙江通史》《南宋史研究》等浙江历史专题史研究系列、《良渚文化研究》等浙江史前文化研究系列、《儒学正脉——王守仁传》等浙江历史名人研究系列、《吕祖谦全集》等浙江文献集成系列。可以说，浙江文化研究工程，赓续了浙江悠久深厚的文化血脉，挖掘了浙江深层次的文化基因，提升了浙江的文化软实力，彰显了浙江在海内外的学术影响力，为浙江当代发展提供了坚实的理论支撑和智力支持，为坚定文化自信提供了浙江素材。

当前，浙江已经踏上了实现第二个百年奋斗目标的新征程，正在奋力打造“重要窗口”，争创社会主义现代化先行省，高质量发展建设共同富裕示范区。文化工作在浙江高质量发展建设共同富裕示范区中具有决定性作用、是关键变量；展现共同富裕美好社会的图景，文化是最富魅力、最吸引人、最具辨识度的标识。我们要发挥文化铸魂塑形赋能功能，为高质量发展建设共同富裕示范区注入强大文化力量，特别是要坚持把深化文化研究工程作为打造新时代文化高地的重要抓手，努力使其成为研究阐释习近平新时代中国特色社会主义思想的重要阵地、传承创新浙江优秀传统文化革命文化社会主义先进文化的重要平台、构建中国特色哲学社会科学的重要载体、推广展示浙江文化独特魅力的重要窗口。

新时代浙江文化研究工程将延续“今、古、人、文”主题，重点突出当代发展研究、历史文化研究、“新时代浙学”建构，努力把浙江的历史与未来贯通起来，使浙学品牌更加彰显、浙江文化形象更加鲜明、中国特色哲学社会科学的浙江元素更加丰富。新时代浙江文化研究工程将坚守“红色根脉”，更加注重深入挖掘浙江红色资源，持续深化“习近平新时代中国特色社会主义思想在浙江的探索与实践”课题研究，努力让浙江成为践行创新理论的标杆之地、传播中华文明的思想之窗；擦亮以宋韵文化为代表的浙江历史文化金名片，从思想、制度、经济、社会、百姓生活、文学艺术、建筑、宗教等方面全方位立体化系统性研究阐述宋韵文化，努力让千年宋韵更好地在新时代“流动”起来、“传承”下去；科学解读浙江历史文化的丰富内涵和时代价值，更加注重学术成果的创造性转化，探索拓展浙学成果推广与普及的机制、形式、载体、平台，努力让浙学成果成为有世界影响的东方思想标识；充分动员省内外高水平专家学者参与工程研究，坚持以项目引育高端社科人才，努力打造一支走在全国前列的哲学社会科学领军人才队伍；系统推进文化研究数智创新，努力提升社科研究的科学化水平，提供更多高质量文化成果供给。

伟大的时代，需要伟大作品、伟大精神、伟大力量。期待新时代浙江文化研究工程有更多的优秀成果问世，以浙江文化之窗更好地展现中华文化的生命力、影响力、凝聚力、创造力，为忠实践行“八八战略”、奋力打造“重要窗口”，争创社会主义现代化先行省，高质量发展建设共同富裕示范区，提供强大思想保证、舆论支持、精神动力和文化条件。

浙江省文化研究工程
指导委员会

越地藏珍

浙江馆藏文物大典编委会

本册主编：周永良

本卷文物说明撰写人（以姓氏笔画为序）：

王小红　王　进　王峰威　卢　佳　卢俏强　朱菲菲

任晓华　刘云峰　杨根文　何晓英　佟　丽　余　昊

汪沈伟　张毅清　陈　娟　陈斐蓉　罗永华　金媛媛

周永良　施　兰　姚莉英　骆坚群　高逸仙　诸葛慧

桑　椹　黄　燕　董　博　温巧燕　温军红　谢佳玲

鲍　丹　蔡敏芳

序 言

杨建武

越地藏奇珍，文物映古今。美丽古老、人杰地灵的浙江是中华文明的重要发祥地之一。勤劳智慧、富有创造力的浙江先民，在这片背山面海、温润富饶、山峦绵延、溪流纵横的土地上，创造出了丰富多彩、璀璨多姿的灿烂文化，留下了数量众多、特色鲜明、品类齐全、瑰丽纷呈的文化遗产。

为了让这些穿越漫漫历史长夜、历经种种风雨洗礼的宝贵遗产，得以完好保存、永续传承，早在1929年，浙江就成立了浙江省西湖博物馆（1931年改称浙江省立西湖博物馆），用以收藏保存首届杭州西湖博览会遗物，以供民众永久参观及研究。近百年来，特别是改革开放40多年来，经过一代代浙江文博人的接续奋斗，浙江博物馆事业迎来了蒸蒸日上、欣欣向荣的大好局面。截至目前，全省拥有已登记备案博物馆402家（数量居全国第二位），拥有藏品197万件（套），涵盖陶瓷器、书画、玉石器、金属器、漆器、纺织品与纺织工具等各个类别，其中不乏珍品重器，可谓洋洋大观、蔚为壮观。

凡益之道，与时偕行。为深入贯彻落实习近平总书记“让收藏在博物馆里的文物、陈列在广阔大地上的遗产、书写在古籍里的文字都活起来，丰富全社会历史文化滋养”的重要指示精神，充分挖掘发挥馆藏文物在历史、文化、审美、科技等方面的独特价值，使其走出展厅库房，走向广阔天地，走进千家万户，真正成为赋能人民美好生活的多彩元素，浙江省文物局委托浙江省文物鉴定站牵头编撰《越地藏珍　浙江馆藏文物大典》。数年来，鉴定站的同仁们本着精益求精、尽善尽美的原则，以史为脉、以美为媒，从国有文物收藏单位收藏的70余万件（套）文物藏品中，精挑细选出1600余件富有代表性、辨识度的馆藏精品，深究精研、钩沉物事、析物塑文，终于编撰完成这部集浙江国有馆藏文物精品之大成的丛书。

本丛书以器物门类为纲，分设陶瓷、玉器、金属器、杂项、书法、绘画6卷。《陶瓷卷》以东苕溪原始瓷、曹娥江流域汉晋青瓷、上林湖畔唐宋越窑秘色瓷、浙南山地宋元明清龙泉窑青瓷为脉络，生动诠释了“一部陶瓷史，半部在浙江”的辉煌厚重。《玉器卷》阐释解读了良渚文化玉琮、战国水晶杯、五代吴越国时期玉童子等一批代表性器物，揭示了浙江在历史上曾是中国古代玉器雕琢制作的中心，也展现了浙江先民崇尚谦谦君子温润如玉的传统。《金属器卷》涵盖礼器、兵器、生产生活用具及宗教类文物等，其中有见证越地繁华兴盛的商代蟠龙盘、春秋伎乐铜屋、战国越王剑等国宝重器，也有反映“东南佛国”盛极一时的鎏金银阿育王塔、鎏金铜龙柱佛像等法器圣物，还有承载越地先民诗意栖居美好记忆的青铜镜、金银首饰等饰品用具。《杂项卷》则将漆器、竹木牙角器、笔墨纸砚、玻璃器、印章、钱币、织绣品、造像等藏品归类整理，依次解读巧夺天工、精美绝伦的各类器物，展现先辈们的巧思妙想、超群技艺。《书法卷》《绘画卷》则汇聚了众多先贤名家翰墨丹青的代表作，折射出浙江作为人文荟萃之地、翰墨书画重镇的别样风采，并讲述了书画背后的人事更替、历史变迁、风俗流变，展现了“纸寿千年”的文化奥秘、审美气质和生命律动。

文运同国运相牵，文脉与国脉相连。丛书即将付梓发行，这是浙江文博事业发展史中一件令人欣慰、值得庆贺的大事。一眼看尽万年，希望通过出版的力量，让人们更好地认识浙江、了解浙江、释读浙江。在此，我衷心祈愿它甫一出版就能赢得社会各界和广大群众的青睐，发挥应有的价值。往事如云烟、历史似异乡。随着时移世易，先人的足迹已湮没于历史烟尘而难以找寻，曾经的来处因慢慢淡忘而模糊不清。所幸我们还保存了这些承载着历史厚重、浸透着文化韵味、凝结着世代匠心的珍贵文物。今天，将1600多位“文物明星”汇聚于此，就如同在浩瀚的历史文化星空中排布了点点繁星，用它们发出的耀眼光芒，照亮当下人们回归文化故土、精神原乡的路。

2022年4月于杭州

概　述

如果从目前发现最早的战国、西汉时期绘制精美的帛画算起，中国绘画至少有2300多年历史。两汉时期，绘画因“成教化、助人伦”的政治宣传和教化，以实用为目的，至魏晋南北朝，进入了绘画艺术审美的自觉阶段，融入了情感思想，开启了绘画艺术彬彬大盛、焕烂而求备的辉煌时代。千余年来，中国绘画走过了魏晋至唐代人物画的发达，五代、北宋山水、花鸟画的独立成科并推向巅峰，南宋山水画的风格转变与元代文人画的兴盛，明清绘画摹古之风与画派纷呈而各尽其妙的演进历程。其创造了自成体系、具有鲜明民族特色的绘画艺术和无数艺术经典，涌现了众多杰出的名家大师。

在中国绘画方面，浙江具有深厚的历史积淀，在全国占有极其重要的地位。而浙江历代书画收藏也风气极盛，明代嘉兴项元汴是历史上最大的私人书画收藏家，“天籁阁”收藏法书名画无出其右。晚清民国以来，浙江拥有众多的私人收藏家，1949年，伴随着中华人民共和国的诞生，浙江全省各地建立了国有的文博收藏机构，全省各地大批私人收藏家为表达爱国之心，纷纷向国家捐献大量的书画藏品。同时，经全省各地文博工作者70余年的征集、拣选、移交、考古清理及保护等，积累了大量珍贵书画，至今全省各地文博收藏机构馆藏历代书画藏品共计达6万余件，既有从古塔中清理出的唐、宋佛教绘画珍品，更有传世的国之瑰宝元代黄公望《富春山居图》，而明清近现代各家各派的名家精品力作尤为丰富。

著名美术史论家王伯敏说：“中国画有三大块，一是民间画；二是宫廷画；三是文人画。”这是根据绘画作品本身所反映的创作思想、审美情趣和艺术特色来划分的，浙江全省馆藏绘画基本涵盖了这三部分藏品。

民间画主要是应民间普通大众宗教信仰、社会生活的各种需求等而创作的绘画作品，为大众喜闻乐见，具有民俗性。创作这些作品的民间画家大多生活于社会底层，文化程度不高，没有经过严格的专业技能训练，绝大多数没有在历史上留下生平事迹，甚至姓名。但这些作品却具有质朴自然的特色，也有部分技法较高、绘制精湛，堪称佳作。六朝唐宋以来，佛教、道教广泛传播，民间画家主要服务于宗教宣传，从事寺庙壁画的绘制、写经插图等宗教题材作品的创作。1956年丽水地区龙泉县东大寺（崇因寺）双塔或金沙寺华严塔所出、现藏浙江省博物馆的晚唐《佛说阿弥陀经变相图》写本插图残本，即是民间画家或写经生、寺僧所绘的作品。图依经文表现阿弥陀佛国土庄严场景，以墨笔、朱砂、白粉等色彩勾线、涂染，笔法粗壮古拙，用色浓重，气象华丽，具有唐代敦煌壁画风格特征。据有关专家研究，“为目前所见唯一一件图文兼具的写本《佛说阿弥陀经》”，也是我省馆藏年代最早，极为珍贵的晚唐绘画，被收入《中国美术全集》。1987年，文物部门清理黄岩县乾德元年（963）所建的灵石寺塔时发现的现藏台州市黄岩区博物馆的北宋《佛说预修十王生七经卷》，也是不可多得的北宋早期民间绘画珍品。据有关专家研究，“此类经卷国内除敦煌本外，其他地方完整的尚未发现，……尤其是此经题‘预修十王生七经’更是国内首见”。此外，今藏桐乡市博物馆的《彩绘孔雀明王像轴》，为先后延续创作400余年多达157件的宗教绘画，其中最早的绘于明嘉靖十年（1531），最晚的为民国三十五年（1946）。其不仅是民间绘画珍品，更是研究民俗和宗教历史的重要实物资料。

民间画工有些具有一定的文化修养，受过严格的绘画技能训练，画技精湛，具有很强的专业技能并以此为生，成为职业画家。其中少数为宫廷服务，成为宫廷画家，他们的绘画作品往往需要根据朝廷的政治宣教和审美喜好而创作，成为宫廷画。而大多职业画家则为上至官僚文人士大夫、下至庶民百姓的社会服务。南宋李唐、刘松年、马远、夏圭都是供奉朝廷画院的著名职业画家，开创了南宋山水画新风尚。尤其马远，画面边角取景，清旷简洁而富有诗意；山石用斧劈皴，笔法刚健雄强，淋漓劲爽；树枝瘦硬如屈铁，曲折伸展，得“拖枝马远”之称。马远绘画深得皇家赏识，成为南宋山水画典范。宋代宫廷花鸟画，崇尚皇家华丽富贵的审美趣味，勾勒精细，色彩浓丽，形象逼真。皇家宫廷的审美趣味对民间社会审美风尚具有强大的引导作用，民间职业画家竞相模仿，浙江省博物馆藏宋佚名《高阁侍读图页》、杭州博物馆藏宋佚名《丛竹文禽图纨扇页》，都显示了南宋宫廷绘画的审美趣味和时代风尚。

元代虽然没有专门的宫廷画院，但也有为朝廷服务的画家。这些画家既有地位名望极高的文人画家、官僚画家，如高克恭、赵孟頫、李衎等；也有官阶较低而画技高超的职业画家，如刘贯道、王振鹏等；还有不少民间职业画家，有时奉命为朝廷作画，有时流散于社会为寺院道观和民众服务，他们作画并不完全为生计图利，更多的是出于虔诚的宗教信仰和创作欲望。如浙江省博物馆所藏朱玉《劫钵图卷》，描写《宝积经》等佛经中佛度鬼子母“诃梨帝母”皈依故事。布置繁密，白描细入毫发，造型精准，神采飞动。作为职业画家的朱玉，如果没有“内有修洁，淡于名利”的境界和对宗教虔诚信仰的精神意志，很难想象能画出如此让人叹为观止的画作。

明代也没有专门的宫廷画院，为朝廷服务的画家身份却与元代有较大区别，没有像赵孟頫这样的上层文人士大夫和高级官员，画家几乎都是民间匠籍出身的职业画工，技艺出色者被临时招募为宫廷服务。明代宫廷画的审美取向传承宋代绘画，主要取法马、夏画风，山水画笔力苍劲雄强，花鸟画多取富贵、祥瑞、吉庆之意。或工笔重彩，或工写结合。林良、吕纪可谓明代前期宫廷花鸟画家的杰出代表。浙江省博物馆藏林良《双鹰图轴》，用笔苍劲爽健，粗简泼辣，为林良代表作。吕纪则有工笔重彩和水墨写意两种风格，而以工笔重彩、精工富丽最为典型。浙江省博物馆藏吕纪《梅竹山禽图轴》，精工富丽与简练粗放相间，工写结合，笔墨苍劲，设色古艳，勘称吕纪精品。明代宫廷画自弘治、正德“吴门画派”兴起后渐趋式微。

清代宫廷画审美意趣与明代不同，服务宫廷的画家身份与元代相近而更为复杂，画家分三六九等，人员众多，队伍庞大。供奉朝廷的宫廷画家既有上层官僚文人画家，如蒋廷锡、王原祁、董邦达、董诰、钱维城以及清宗室弘旿等，也有如王翚等具有文人意趣、社会地位很高的职业画家。他们的绘画风格既表达了文人自我的审美情趣，同时也得到朝廷官方的推崇。还有画技精湛、具有一定地位的职业画家，如焦秉贞、冷枚、丁观鹏、禹之鼎等，而更多是由内务府造办处管理的地位卑微的“画画人”，他们具有较高或一定的画技，主要奉命为朝廷绘制以实用性为主的作品，如装饰欣赏、记功记事、劝课农桑、疆域地舆等，描绘严谨细致，如杭州西湖博物馆总馆藏《西湖行宫图卷》，即是乾隆时期宫廷造办处或地方官府绘制的图谱。

清代为宫廷服务的上层官僚文人画家，他们的创作活动、创作思想以及作品艺术风格特色具有多样性，如蒋廷锡、王翚、王原祁等，除了奉命为朝廷歌功颂德而创作的《康熙南巡图》《万寿盛典图》等，他们平常所作大多是表达文人的闲情逸致与高雅脱俗的情怀，如浙江省博物馆藏蒋廷锡《仿王冕野梅图轴》，笔墨清润，意态潇洒。浙江省博物馆藏王翚《竹屿垂钓图轴》、王原祁《仿大痴富春图轴》、董诰《山水卷》，杭州博物馆藏张洽、钱维城《梅花书屋图卷》、弘旿《仿古山水册》等，笔墨含蓄秀雅，意境恬淡简远。这种中正平和的画风也得到朝廷推崇赞赏。

还有一些如沈铨等民间职业画家，取法宋代院体以及明代吕纪宫廷画、花鸟画，笔法谨严扎实，画风工致富丽，得到朝廷欣赏，曾奉命作画进贡朝廷。他曾东渡日本，传技授艺，深受日人推崇，对日本江户时代长崎画派影响很大。浙江省博物馆藏沈铨《桂花锦鸡图轴》为其代表作。

如果将“民间画”定位于无名作者和普通画工的作品，那么还有许多画技高超的著名职业画家，他们在民间为社会创作了大量精品名作，与宫廷画、文人画共同构成了中国绘画史最基本的框架，代表了中国绘画的重要艺术特色和成就，是中国绘画精华所在。浙江全省馆藏职业画家名作精品极多，题材十分丰富，主要是明前期浙派山水、人物、花鸟画，明末清初以蓝瑛为代表的“武林画派”山水画，以及明清肖像画等，这也是浙江全省馆藏绘画的重要特色之一。

明早期杭州匠籍出身的职业画家戴进，主要取南宋马、夏苍劲雄峻笔法，画艺精湛，技法全面，被后世尊为“浙派”创始人，影响极大。稍后的著名职业画家吴伟、张路、汪肇等皆承其画风，笔法更趋狂纵粗放，刚猛阔大，水墨苍劲，线条劲利顿折，如宁波市天一阁博物院藏张路《松下步月图轴》，浙江省博物馆藏汪肇《芦雁图轴》、王俭《壶天洞乐图卷》、潘志省《雪竹图轴》，嵊州市博物馆藏陈子和《苏武牧羊图轴》，西泠印社社务委员会藏彭舜卿《松亭远眺图轴》等，所作山石、树木苍劲粗简，人物、花鸟神态生动。

肖像画是职业画家最主要的绘画门类之一，浙江全省馆藏明清肖像画十分丰富，精品名作不少，在全国颇具影响。

元代以前，肖像画主要为宫廷服务，画帝王御容和朝廷名臣。明代中期后，随着社会经济发展，市民阶层兴起，肖像画上至宫廷和官僚阶层，下至布衣文人、庶民百姓，社会需求大增，正如《佩文斋画谱》所说，“宜众人所需”，“酬谢亦丰，故多习此艺者不独画工，且有学士”，如此极大地促进了明清肖像画的兴盛发达。明清肖像画基本可分两种类型，一种是正襟危坐、表情肃穆的官绅朝服正面衣冠像，也称“大影”。一般为像主去世后绘制的遗像，俗称“祖宗像”，供后辈家族子孙膜拜、瞻仰、祭祀，反映了中国传统礼仪制度。宁波市天一阁博物院藏《范钦像轴》，是存世较早的明清官员衣冠像和祖宗像。此像虽画工佚名，但绘制细致，对明清肖像画研究具有重要意义。

晚明以前，民间肖像画工社会地位很低，画上几乎都不署名款。晚明清初以来，随着肖像画的兴盛以及画工文化素养和社会地位的提高，涌现了许多著名的肖像画家，甚至文人画家也参与画肖像，使得不少肖像画，尤其像主为文人士夫、官宦名流的肖像画多有画家署名。官宦士夫常请技艺精湛的肖像画家为他们“拍摄”生活照，用以留念，也即肖像画的另一种形式，所谓的“行乐图”。其多有山水林泉、松竹梅石等补景，以烘托和表现像主身份地位和闲逸高雅的生活情趣，像主往往还请友朋或文人名流、书画名家题咏。这类行乐图诗文、书画俱全，内涵丰富，具有较高的历史文化价值。如浙江省博物馆藏沈周《为祝淇作芝仙祝寿图轴》，其中所绘像主形貌简略，体现了沈周“面目何足较，但恐有失德”，不求形似而注重精神气质的文人画家艺术思想。又如温州博物馆藏嘉靖年间檀芝瑞《瓯江送别图卷》，笔法受浙派画风影响，人物形貌和山水笔法粗率简练，也有文人画的写意情趣。

不过既然是肖像，人们追求面部形貌的真实感仍是最基本的需求，正如清代范玑《过云庐画论》中所说“惟写真以逼肖为极则”。晚明时期肖像画“写真”技术有了重大的变革和进展，这就是曾鲸开创的凹凸法。面部淡墨勾细，层层烘染，十分细腻，更具立体感和真实感。同时通过眼神、姿态的细心刻画，表现人物精神面貌，达到“传神”的目的。这种全新的画法风行一时，被称为“波臣派”。浙江省博物馆藏《张卿子像》为曾鲸名作，图中像主张卿子为杭城名医，面容“如镜取影，俨然如生”，缓步轻迈，意态闲雅。德清县博物馆藏《胡尔慥像》，则是曾鲸另一件重要作品，像主胡尔慥眼神迷离而深邃，洞彻灵府。图中并有苍松与坡石溪流及童子作补景，以烘托像主盘桓林下、超然物外的精神气质。曾鲸常年活动于浙江杭州、乌镇、宁波以及江苏南京一带，上虞谢彬、嘉兴沈韶、山阴徐易、海盐张远等都是曾鲸弟子门生、肖像画名家。浙江省博物馆藏谢彬《祝渊抚琴图轴》，张远《刘伴阮像轴》《查慎行槐荫抱膝图卷》以及宁波博物院藏陈韶《鄞江送别图卷》，均可见曾鲸“波臣派”画法的影响。而这些画家又能自出新意，成就最大的当数清康熙年间著名肖像画家禹之鼎。

禹之鼎曾是康熙年间供奉内廷的职业画家，人物、山水、花鸟各科皆擅，尤精肖像画。其肖像画兼收博取，风格多样。笔法严谨，色彩雅致，形神兼备，神采奕奕。浙江省博物馆藏《云林同调图卷》，由禹之鼎画高士奇、释常岫以及蓝深小像。三人或坐或行于松林清泉之中，神态悠闲，表现主人公隐逸的高雅意趣。禹之鼎《沈元沧秋林觅句图卷》，像主面部白描，笔法精细而清灵，山水布景兼工带写，显示文人画意趣。

清初“四王”之一的王翚，作为职业画家晚年供奉内廷，画技全面而技法纯熟。浙江省博物馆藏王翚《竹屿垂钓图轴》，是为大学士陈元龙所画行乐图，表现主人闲居之乐，可称为王翚行乐图精心之作。

清代乾隆时期罗聘为金农弟子，“扬州八怪”之一。画技全面，无所不工。与一般工于形似的职业画家不同，罗聘画肖像不拘形似，独取神情，突出表现文人画意趣，浙江省博物馆藏罗聘《金农像轴》《丁敬像轴》，面部不作凹凸渲染和细腻描摹，而突出金农、丁敬两位先生淡定从容的神情气貌，线条细致简洁，松秀灵动。造型奇逸夸张，妙趣横生，让人耳目一新。

清代继罗聘以后，嘉道年间人物和肖像画以改琦、费丹旭成就较高，人称“改费”。二人均以画仕女著名，人物意态神情多显羸弱柔美格调。浙江省博物馆藏费丹旭《果园感旧图卷》，忆写金石家张廷济、受之叔侄等遗容，形貌宛然，人物线条柔婉松灵，补景秀润雅致，为费丹旭代表作。

清末咸丰至光绪年间“海上画派”虚谷以及任熊、任薰、任颐、任预“四任”等著名画家皆擅肖像画。嘉兴博物馆藏虚谷《柳溪和尚像》，以干笔细线勾勒，淡色擦染，形貌写实而不失神韵，显示了虚谷高超的肖像画技能。任熊、任颐都是最早在乡村民间以画肖像为业的职业画家，具有扎实的造型技能。任熊“凡影描勾填之法，画男女老幼之容，无所不会”。浙江省博物馆藏《丁文蔚像轴》，是任熊为挚友丁文蔚所画便服半身小像。面部以传统的“江南派”表现手法勾线敷色，笔法娴熟，衣纹线条简练，反映了民间画工质朴而传统的肖像画特色。

任颐是继曾鲸、禹之鼎后又一位杰出的肖像画家，以传统为根基，手法多样，博采众长，创造了兼工带写的肖像画创作手法。浙江省博物馆藏《蕉荫纳凉图》和《酸寒尉像》，即其为同道挚友吴昌硕所画肖像。两像运用不同表现手法，《蕉荫纳凉图》以钉头鼠尾描线勾，淡色敷染，笔法工致，线条细劲流畅，设色清新明快。《酸寒尉像》则简笔勾勒与没骨写意相结合，匠心独运。面部稍加勾勒擦染，形貌准确而生动，用笔泼洒大胆，笔墨酣畅淋漓，墨韵氤润圆活，浑然天成，精彩之极。其不仅是任颐肖像画精品，更是中国肖像画史上的杰作。

中国传统肖像画以形写神，具有较强的写实性，又具有艺术性，在一定意义上形象地再现了社会历史原貌，具有丰富的文化内涵和重要的历史人文价值。

中国绘画发展到北宋，写景状物已达到精工之极，而有精神追求的文人士大夫已不满足于画面的形似刻画，追求更高层次的画外之画，寄情于画，寓意于画，如欧阳修论诗所谓：“必能状难写之景，如在目前，含不尽之意，见于言外，然后为至矣。”苏轼在《又跋汉杰画山二首》中写道：“观士人画，如阅天下马，取其意气所到；乃若画工，往往只取鞭策皮毛槽枥刍秣，无一点俊发，看数尺许便倦，汉杰真士人画也。”由此打开了绘画艺术表现广阔心灵世界的发展空间，提出了“士人画”的概念，也即“文人画”。欧阳修、苏轼的艺术观念，开启了中国文人画的序幕。文人画创作主体是文人士大夫，强调文化素养与精神品格，绘画与读书、写字一样成为修身之道。绘画更多地在于抒情写意和非功利性业余的“墨戏”，目的是自娱。至元代，赵孟頫大力提倡文人画，提出“书画同源”的艺术理念，对文人画艺术语言的构建起到关键作用，“书画一律”，成为文人画重要的艺术特色。明人王世贞说：“文人画起自东坡，至松雪敞开大门。”中国的绘画艺术出现了重大转折，文人画占据了主导地位，成为中国绘画艺术主流。文人画体系的绘画作品是浙江全省馆藏绘画中最丰富也是最重要的部分。

唐、宋以来佛教禅宗在中国广为流传，文人广泛参禅悟道，禅宗思想对文人画的创作理念影响极大。南宋时期梁楷、牧溪表现祖师、罗汉等禅画，不拘形似，减笔写意。不尚精工富丽，纯用灰淡墨色，与文人画不求形似、崇尚简淡的笔墨审美趣味十分合拍。西泠印社社务委员会藏佚名《十六应真图卷》，罗汉形貌奇古，神态生动，墨笔写意，笔法简率清劲，飘洒流畅。树石散锋乱毫，落笔迅疾，痛快淋漓，是具有文人画意趣的禅画，也是十分难得的南宋至元代绘画珍品。李公麟是北宋杰出画家，也是文人画家代表。所创“白描”画法，“扫去粉黛，淡毫轻墨”，“不施丹青，而光彩动人”，成为文人画的重要表现形式。李公麟所创白描屈原《九歌图》也成为后世艺术典范，元代张渥即有临李公麟白描《九歌图》传世。浙江省博物馆藏佚名《九歌图卷》，构图和人物形态以及笔法虽然都不同于张渥《九歌图》本，但白描简洁，线条秀劲放逸，墨色轻淡苍润，也是一件不可多得的元画佳作。

元代文人画的理论与创作实践进入全新的阶段。倪瓒所谓“仆之所谓画者，不过逸笔草草，不求形似，聊以自娱耳”，成为文人画理论经典。元代黄公望、吴镇、倪瓒、王蒙被称为“元四家”，将中国山水画推向了一个新的高峰，对于中国文人画发展具有里程碑意义，成为明清直至近现代文人画的典范，影响深远。

黄公望被誉为“元四家之冠”，其艺术思想深受赵孟頫影响，自称“松雪斋中小学生”，曾为道士而出入三教，是博通书史的文人。他将自己的宗教思想以及志趣和情怀寄托于绘画艺术。“卧青山，望白云”，隐居山林，澄怀观道。晚年所作《富春山居图》，写其隐居富春江两岸景色，简笔勾皴，淡墨渲染。两岸山峦起伏，窠石坡岸，间以疏林秀木，景色自然，意境清寂。画面“气清质实，骨苍神腴”，达到了平淡天真、得自然之天趣的高妙境界，成为黄公望最著名的代表作。《富春山居图》在中国绘画史上影响巨大，今被誉为中国十大传世名画之一。然此图自问世以来，数百年几易其主，辗转沉浮，至明末竟遭火殉之厄而断为两截。后段为乾隆皇帝收入宫中，至1948年被携往台湾。卷首一段“《剩山图》”今藏浙江省博物馆，吉光片羽，弥足珍贵。2010年温家宝总理在回答台湾记者提问时提及分藏海峡两岸的《富春山居图》，引起了海内外的广泛关注和巨大反响。2011年这件充满离奇身世、情系两岸的旷世名迹，在分离360多年后首次在台北“故宫博物院”合璧展出，被赋予了两岸人民的美好心愿。

“元四家”之一的吴镇，工诗、书、画，时称“三绝”。画风笔力苍健，苍莽淋漓，尤擅竹石和渔父图，创造了一种淡泊隐逸、与世无争的意境。喜作高耸挺拔松柏古木，赋予孤傲绝俗的人格象征。宁波市天一阁博物院藏吴镇《双树坡石图轴》，正显示了这类作品的典型风貌，为不可多得的吴镇绘画珍品。“元四家”绘画在当时就产生了广泛影响，浙江省博物馆藏元代本诚《夏木垂阴图轴》、明初谢缙《东原草堂图轴》便是取法吴镇和王蒙风格的佳作。谢缙有名于时，作品颇为稀见。“元四家”的山水画是文人画的重要标志，宋代米芾、米友仁以及元代高克恭的“云山墨戏”，也是后世文人画取法的重要表现形式，宁波市天一阁博物院藏何澄《溪山雨霁图轴》，显示了明代早期既受浙派画法影响，也有云山墨戏文人画意趣的时代风格。除了山水画，元代文人画在人物、竹石、花鸟等领域都取得广泛的成就，尤其是枯木竹石、梅兰等题材，寄寓了画家孤傲高洁的思想情操，赵孟頫、柯九思、王冕等都是擅长这类题材并极负盛名的画家。王冕以画梅花著称，所画梅花成为明清画梅范式，影响深远。西泠印社社务委员会藏明早期孙隆、陈录《梅花图合卷》，即可见取法王冕的画梅风格。

明初绘画尚承元代文人画家遗风，但永乐至正德年间，无论是宫廷还是民间，又以“浙派”“江夏派”等职业画家占主导地位。明成化以后社会安定，尤其江浙地区城市商业经济十分发达，市民阶层的日益壮大，促进了文化艺术的繁荣，以苏州为中心的吴门画派崛起，成为明代中晚期影响最大的画派。吴门画派画家以文人画家为主，也有许多职业画家，基于书画艺术品收藏、鉴赏蔚然成风的社会现状，使得文人画家具有职业化倾向。同时，职业画家也积极提高自我文化修养和精神境界，他们的作品也不乏文人画意趣，直到晚清近现代都大体延续了这种现象。

吴门画派以继承“元四家”文人画为主，兼及两宋院体画，笔法挺劲细秀，墨色融和，风格谨严。注重诗文书画结合，追求平淡自然、恬静雅致的格调，具有“雅俗共赏”“文质相兼”的特色。以沈周、文徵明、唐寅、仇英为代表，称为“吴门四家”，沈周、文徵明前后相继，为吴门画派领袖。沈周出身于书香门第，博学多能，具有极高的诗文和书画艺术修养。其以山水画成就最为突出，笔墨既有粗笔苍劲一路，也有细秀绵密风格。浙江省博物馆藏沈周《湖山佳趣图卷》，忆写西湖秀丽景色，取法吴镇，笔墨粗健润泽，苍劲凝重，为沈周中晚年代表作。文徵明为沈周门生，修养深厚，造诣全面。文徵明也以山水画成就最高，画风也有“粗”“细”两种，而以精工典丽、繁密深秀为典型。湖州博物馆藏文徵明《雨中访友图扇页》，笔法细密，为其早年佳作。宁波市天一阁博物院藏《万壑争流图扇页》，用笔清劲，布局繁密，设色典丽，可谓文徵明晚年精品。整个吴门画派以文徵明影响最大，其子文彭、文嘉，曾孙文震孟等都是名震一时的书画篆刻家，继文氏画风者不绝如缕，其中陈焕、蒋乾、陆士仁等都是有名于时的画家，浙江全省馆藏书画均有他们的佳作。

明代中晚期，诗文、书画摹古风气盛行，思想日趋僵化，随着以王阳明为代表的“心学”的兴起，文艺创作领域掀起要求张扬个性、抒发真情本色的思潮。在绘画领域，陈淳、徐渭作画不拘陈法，独抒胸臆，笔墨放纵洒脱、水墨淋漓，开创了大写意花鸟画风，对明清花鸟画影响极为深远，后世将二人合称“青藤白阳”。陈淳生性旷达、放逸不羁，师文徵明而不为文氏温文尔雅的画风所囿，别成新调。山水、花鸟皆擅，笔墨疏爽超逸，宁波市天一阁博物院藏《春山云树图轴》《葵石海棠图轴》都代表了陈淳典型的绘画风貌。徐渭则完全是以书画为寄，宣泄其胸中郁积的愤懑不平之气，倾诉身世遭遇的感慨和激愤沉痛之情。浙江省博物馆藏徐渭《墨笔葡萄图轴》，画上自题一诗：“半生落魄已成翁，独立书斋啸晚风。笔底明珠无处卖，闲抛闲掷野藤中。”以画“闲抛闲掷”的葡萄，诉说自己悲凉落魄的人生。徐渭天纵奇才，诗文、戏曲、书画诸文艺无所不通，无一不有大成就，其绘画是与诗、书三位一体的完美结合。对于绘画他主张不论形似与否，笔墨浓淡重轻，一切“从人心流出”。浙江省博物馆藏徐渭《花卉册》，所绘瓜果、花卉、墨竹，信手所写，不拘形似，每幅均有题诗，有感而发，升华了画面的情趣。

明中晚期继吴门画派陈淳花鸟画风而较有成就者有沈仕、周之冕以及明末清初的李因等。周之冕虽为职业画家，但笔墨极具文人画意趣，画法兼工带写，意态生动，创“钩花点叶派”小写意画风，颇有影响。浙江省博物馆藏周之冕《梅竹野凫图轴》，笔法劲健，墨色清淳，在周之冕花鸟画作品中不多见。清初海宁女画家李因，工诗文、书画，取法陈淳、周之冕小写意花鸟画风，“水墨花鸟苍古静逸”，甚得时誉。浙江省博物馆藏不乏沈仕、李因佳作。

明中晚期吴门画派渐趋衰退，画风僵化刻板无生气，效仿堆砌、细弱繁琐现象日趋严重。其间苏、浙一带画家谢时臣、宋旭、张宏、关思、盛茂烨等名家，取法吴门沈周，上溯元代黄公望、吴镇、王蒙以及五代董源、巨然，绘画各具风貌，别树一帜，为吴门画派带来新的生机，直到清早期，尚有高简等取法吴门唐寅而较有成就的名家。谢时臣为职业画家，笔法兼及“吴门画派”与“浙派”，宁波市天一阁博物院藏谢时臣《石梁秋霁图轴》，笔法繁密苍健，颇得气势。宋旭则是文人画家，笔法圆浑，苍劲古拙，开“苏松画派”或“松江画派”之先声，一时名重海内。桐乡市博物馆藏宋旭《松壑楼居图轴》，巨幅大幛，气势宏伟，为其精品力作。张宏、关思、盛茂烨以及高简，浙江省博物馆均有佳作收藏。明中晚期，吴门画派同样也影响徽州画家，只是画家不多，罗文瑞可为代表，浙江省博物馆藏罗文瑞《洛中九老图卷》，取法唐寅，白描人物兼及元人笔法，笔墨细秀枯淡，风貌文雅清隽。

晚明吴门画派衰落之际，宋旭开其先导，以顾正谊、孙克弘、莫是龙、董其昌、沈士充、陈继儒、赵左、宋懋晋等为代表的松江画派兴起，而以董其昌执画坛牛耳。孙克弘名重一时，是松江画派先驱人物。主要取法吴门画派沈周、陆治、陈淳、周之冕，兼能工笔和写意，作品以竹石、花卉以及山水为主。宁波市天一阁博物院藏孙克弘《达摩渡江图轴》，笔法厚朴简逸，十分难得。

松江画派的兴起，最初经宋旭、孙克弘等承吴门画派而来，但笔墨更为蕴藉含蓄，浑厚苍秀，至董其昌奠定了松江画派典型风貌。松江画派与吴门画派均绍继五代董源和元四家画风。但松江画派则更大程度摒弃具体形象刻画，更注重笔墨本身的形式表现和审美意味，董其昌曾说：“以蹊径之怪奇论，则画不如山水；以笔墨之精妙论，则山水决不如画。”董其昌更提出以禅喻画以及绘画“南北宗”理论，影响巨大，成为后世文人画创作的主要指导思想，将中国绘画艺术推进到了新的境地。松江画派崇尚古雅秀逸、清婉柔润的笔墨意味，浙江省博物馆藏董其昌《仿梅道人山水轴》，自题仿吴镇，师其心而不袭其迹，笔墨淡润雅逸，明洁隽朗，潇洒出尘，风神超逸。陈继儒为著名文学家、书画家，声望极高。倡导文人画，是松江画派中坚人物。其书法清俊，擅墨梅、山水，笔墨清隽秀雅，萧散闲逸。杭州博物馆藏陈继儒《梅花册》，书画合璧，可谓佳作。晚明宋懋晋、沈士充、赵左皴笔细密，笔墨苍秀氤润，深受董其昌画风影响，清初高层云也取法董其昌，浙江省以及嘉善、瑞安博物馆均有这些名家不错的画作。

晚明是一个复古与开新思想交错并存的时代，掀起了一股追求个性自由、反对封建礼教对人性的束缚和压制的社会思想潮流。好异尚奇，慕新求变成为宣扬自我价值、追求个性解放的时代风尚。与董其昌同时代的吴彬可以说是绘画领域体现“尚奇”思想的先行者。吴彬既是职业画家，也是文人画家，其工画山水及罗汉、佛像，笔墨圆转蕴藉，沉着凝练。造型奇特夸张，迥别前人。但奇而不野，怪而不狂，怪异中蕴含中正平和之气，是晚明释道、人物画代表人物。浙江省博物馆藏吴彬《莲社求友图卷》，表现晋代高僧惠远等在庐山白莲池畔结社参禅故事，描绘精微细致，意韵清幽静寂，极为精彩。吴彬奇异夸张的画风，对明末清初陈洪绶绘画具有较大影响。

陈洪绶工诗文，善书法，是才华横溢的绘画艺术天才，人物、山水、花鸟无不冠绝于时。格调高古奇骇，如三代鼎彝，具有鲜明独特的个性和非凡的艺术感染力，是明末清初杰出的绘画艺术大师，被当代国际学者推尊为“代表十七世纪出现许多有彻底的个人独特风格艺术家之中的第一人”。宁波市天一阁博物院藏《梅石山禽图轴》、浙江省博物馆藏《羲之笼鹅图轴》、西泠印社社务委员会藏《为戴茂齐母祝寿图轴》均为陈洪绶佳作珍品。其中树石笔法奇崛苍劲，则受蓝瑛影响。人物线条清圆细劲，造型夸张，气度超拔。仕女“风神衣袂，奕奕有仙气”，都显示了其典型的艺术风貌。陈洪绶绘画在当时和清早期风靡一时，追随者众多，其子陈字及陆薪、严湛两大入室弟子，均承陈洪绶衣钵，浙江省博物馆均藏有他们的佳作，其中《醉饮图轴》为陆薪存世唯一署有本款的作品。汪汉为清早期浙江淳安布衣画家，浙江省博物馆藏《九歌图卷》，笔法精到，神采飞扬，其中仕女画法明显出自陈洪绶。清早期周璕，以画人物、云龙、鞍马名世，浙江省博物馆藏有周璕《相马图轴》等，人物的造型和圆劲的线条，仍有吴彬、陈洪绶遗意。陈洪绶对晚清海派任熊、任薰、任颐影响尤为巨大。“三熊”均规模陈洪绶而自出新貌，成就突出。

自晚明松江画派后，明清朝代更迭，社会剧烈动荡，可是浙北、苏南、徽州一带以及江西南昌画坛却空前活跃，画派林立。影响较大的有武林画派、新安画派、金陵画派以及娄东、虞山画派。

在杭州以蓝瑛为首的武林画派主要是职业画家群体。蓝瑛早年追随松江画派孙克弘、董其昌、陈继儒等名公硕儒，后取法沈周，上溯宋元诸家，尤致力黄公望。师古而融会变通，独开门庭，自成一家。精于山水画，落笔纵横，笔法苍劲老辣。画面山石嵯峨，叠瀑响泉，古木苍山，气势雄峻。画风雅俗共赏，是明末清初杰出的最具有影响力的山水画家之一。浙江省博物馆藏蓝瑛《松岳高秋图轴》《仿黄公望山水册》都是其精品代表作。蓝瑛创武林画派，在画坛竖起了一面大旗，尤其在职业画家中影响极大，蓝瑛子蓝孟，孙蓝深、蓝涛，弟子刘度、冯仙湜等直接传承衣钵。其中以刘度和蓝孟成就最高，而画风转为苍秀精丽，如西泠印社社务委员会藏刘度《观瀑图轴》、蓝孟《荷乡清夏图轴》，浙江省博物馆藏蓝孟《梅花书屋图轴》等，画法精到，颇为可观。此外，杭州的章谷、章声、章采父子以及南京金陵画派许多画家，画风都与蓝瑛具有渊源关系。还有康熙年间余姚的吕焕成，扬州的李寅、袁江、袁涛等著名职业画家无不受蓝瑛影响，直至清乾隆时期的“扬州八怪”兴起，前后延续百余年。

晚明文人结社成风，其中以“复社”影响最大，带有浓烈的政治色彩。明亡后“复社”部分成员或出仕清朝，或加入抗清队伍，或遁入空门，许多文人成为著名遗民书画家。万寿祺、归庄、顾炎武都是“复社”重要成员，亦是诗文、书画皆擅，学问渊博的文化精英。万寿祺为明崇祯朝举人，明亡抗清失败隐于沙门。浙江省博物馆藏万寿祺《秋江别思图卷》，为其赠别友人顾炎武所作。取法倪云林而兼师自然造化，笔墨简淡，意境苍凉。归庄为晚明著名散文家归有光曾孙，诗文散曲具有相当成就。明亡参加抗清斗争，事败亡命，削发为僧。浙江省博物馆藏归庄《墨竹图并草书越游诗卷》，前段墨竹笔法清劲，潇洒磊落，颇得吴仲圭遗韵；后段书越游诗，沉郁悲怆。在北方，傅山是具有抗清复明意识的领袖人物，更是于学无所不通的著名学者、思想家、书法家。浙江省博物馆藏傅山《乾坤草亭图轴》，笔法奇肆纵横，别具一格。此外，明末清初著名的官员、文学家、史学家、书法家，诗人、学者，如倪元璐、王思任、王铎、祁豸佳、查继佐、法若真、毛奇龄等，在明清易代之际，各自选择了不同的人生道路。他们在其他方面都很有成就而多不以画名世，但都兼能绘画，如法若真在绘画领域还具有相当成就。总体而言，这些画作数量不多，都是意取宋、元以来的文人画，而风貌各异，颇有别趣。浙江省博物馆、宁波市天一阁博物院、杭州博物馆均有他们的画作收藏。宁波市天一阁博物院藏倪元璐、张煌言《兰石图、行书诗翰扇页合卷》，其中倪元璐所画《兰石图》，巧石笔法清峻凝练，兰叶秀逸潇洒。杭州博物馆藏王思任《山色秋声图轴》，画仿倪云林，笔法简净遒逸。倪元璐、王思任画作稀见，十分难得。王铎于书法具有杰出成就，被誉为明季书学中兴之主，与黄道周、倪元璐并称“明末书坛三株树”。浙江省博物馆藏王铎《草书临帖并花卉图卷》，以小写意笔法画折枝花卉，笔墨拙朴洒脱，苍劲清润。王铎作画偶尔为之，也可珍贵。

金陵画派是明末清初活跃于南京地区的画家群体，以龚贤为首，另有樊圻、高岑、吴宏、邹喆等七人，有所谓“金陵八家”之称，其中以龚贤成就最高，最享盛誉。龚贤绘画以山水画见长，峰峦叠嶂，布局茂密，满而不塞。善用积墨法，以秃毫短笔，层层积叠，笔墨凝重滋润，气韵沉郁静穆，是龚贤绘画最大特色。西泠印社社务委员会、桐乡君匋艺术院均有画作收藏，其中西泠印社社务委员会藏龚贤《春峦飞瀑图轴》，巨幅金笺，极为少见。“金陵八家”除了龚贤，几乎都为职业画家，但画风迥然不同。吴宏、樊圻等笔势多刚硬劲健，颇受蓝瑛影响。吴宏布局雄阔，用笔锋芒显露。樊圻笔法细密秀劲，构图冈峦起伏，岸汀浮渚，气脉畅然，得自然韵致。此外，王概也是金陵画派中有名于时的画家，王概以编绘《芥子园画谱》著称，这本“画谱”是中国绘画史上影响最大的绘画技法图谱教材，至今仍不断再版。清康熙时期尚有陆远、吕学等较有名的职业画家，画风也兼有金陵画派遗意。浙江省博物馆藏吴宏《仿元人山水轴》、樊圻《平山曲涧图卷》、王概《秋山喜客图卷》等均可称佳作。

明末清初的南京是四方画家汇聚之地，寓居南京牛首山幽栖寺的画僧髡残（石溪）以迥出时流的画风，独领画坛风骚。髡残是亦僧亦儒的布衣文人画家，名重当世，后人将其与渐江（弘仁）、八大山人、石涛合称“清初四僧”。髡残绘画主要取法王蒙而自出新意，笔法苍茫，构图繁复，气韵幽深苍浑。浙江省博物馆藏髡残《为寒道人作山水扇页》，系为好友画梅名家姚若翼（伯佑）所作，表现了二人蛰居山野、寒石相交、同气相求的深厚友谊。髡残画作存世罕有，极为珍贵。

明末清初，安徽画家异军突起，人员众多，在画坛大放异彩，主要有在徽州以渐江、查士标、孙逸、汪之瑞“新安四家”为代表的“新安画派”；在芜湖以萧云从为代表的“姑孰画派”；在宣城以梅清为首的“宣城画派”。尤其是新安画派显赫一时，追随者众多，形成一股较强的艺术潮流。

萧云从明末曾加入复社，明亡后隐居不仕，创“姑孰画派”。其取法宋元以及吴门文氏画风，又受晚明徽州版画影响，广采博取，风格独特而又多样，对渐江等新安画派有较大影响，浙江省博物馆藏萧云从《黄山松石图卷》为其佳作。

新安画派以晚明程嘉燧、李流芳、李永昌等为先驱，至明末清初“新安四家”为鼎盛期，中坚力量有程邃、戴本孝、祝昌、江注、郑旼，后继者有雪庄、姚宋等。李流芳由董其昌入手，兼参二米、董、巨，笔墨苍润秀逸，风格清新自然，西泠印社社务委员会藏有李流芳《溪山楼阁图轴》。李永昌也得益于董其昌，取法吴门沈周、文徵明，上溯元四家，笔墨圆厚劲健，苍润内敛。浙江省博物馆藏李永昌《仿元人山水轴》，峰峦奇诡，茂然森秀。取法王蒙，笔法柔中带刚，稠密秀润，为李永昌精品。

渐江为新安画派领袖，一代大师。画格简净整洁，幽旷孤峭，冷气逼人。以其清刚绝俗的艺术风貌，高标独立的精神品格，享有盛名，蜚声远近。渐江画作存世很少，浙江省博物馆藏弘仁《平山水阁图扇页》《平冈竹屋图扇页》《古木竹石图轴》，均十分难得。其中《古木竹石图轴》以渴笔淡墨绘寒柯片石，意境荒寒冷寂，为其署有纪年的重要作品。“新安四家”之一的查士标，师渐江、董其昌而上溯元四家、“二米”等，风格疏简淹润。郑旼画师渐江而自出新意，笔墨苍润沉郁。程邃绘画开渴笔焦墨之风，风貌独具，意境苍茫古奥。戴本孝善干笔枯墨，笔触模糊而凝重，笔墨超妙，意韵苍古。雪庄是一位诗画僧，善用焦墨枯笔，以画黄山名世，而带有写实特色。浙江省博物馆藏新安画派作品较为丰富，除了李永昌、渐江，还有郑旼《书画合册》、程邃《千岩竞秀图页》、戴本孝《华山毛女洞图轴》等珍品佳作。

梅清为宣城画派代表，著名诗人王士祯赞其“画样今无敌，诗名旧绝伦”。梅清深受新安画派影响，画风渴笔与湿墨兼具。笔墨遒劲酣畅，线条盘曲。造景奇险，恍若仙境。新安画派多显静穆之气，而梅清画笔富有律动之感，对石涛画风具有很大影响。浙江省博物馆藏梅清《瞿硎石室图轴》，笔墨苍劲凝重，雄浑豪迈，为其佳作。

石涛出身于广西明宗室，是清初名声显赫的诗画僧，具有杰出的绘画天赋。石涛虽不属“新安”或“宣城”画派，但二者却是石涛绘画根基所在。石涛“我用我法”，善于变革创新，完全变出自己全新的面目，极具创造力。面目丰富多彩，画风清新隽永，生动活泼，变幻无穷，笔墨淋漓润泽，潇洒灵动。如杭州唐云艺术馆藏石涛《梅竹图轴》、桐乡君匋艺术院藏石涛《兰竹册》，笔法俊逸，墨色清透。石涛绘画在当世即得到极高评价，尤其是近现代极受追捧，是中国绘画史上最具影响力的画家之一。

明末清初，相对于杭州、南京、徽州、宣城画坛的繁荣，江西南昌也不寂寞，更是诞生了一位诗画僧八大山人，放射出绝世独立的光芒。八大山人早年也受风靡一时的董其昌影响，晚年笔墨精纯圆润，沉毅凝练，韵致超绝。形象奇特夸张，笔简意赅，风貌独具。题诗作画处处透出佛理禅机、冷眼看世界的慧光，蕴含着哀痛、蔑视、孤独、迷茫、出世、入世内心种种矛盾与隐晦曲涩的复杂情感。浙江省博物馆藏八大山人《双雀图轴》，图中除了“风中雨中，萧瑟相语”的双雀与充满“幽涩语”的题诗，空无所有，流露出作者凄楚悲凉心境与灵魂深处的孤独。画面至简，却具有强烈的艺术感染力。西泠印社社务委员会藏八大山人《书画合册》，杂绘山水、枯木禽鱼、竹石、鸟、墨花。所画山水，荒山秃岭，枯树残枝。笔墨醇厚苍润，意境荒凉孤寂，也为八大山人精品。八大山人以其杰出的艺术成就，成为中国绘画史上最为耀眼的明星之一，对后世影响巨大，晚清近现代吴昌硕、齐白石、潘天寿等画坛巨擘无不受其影响。

明末清初，项圣谟也是为世所重的名家。擅诗文、书画，尤精山水，其绘画受董其昌文人画思想影响。但项圣谟并不囿于此，兼学宋人严谨扎实的写实功夫，取材现实生活，不蹈空疏，可谓“士气、作家俱备”。笔法圆厚遒润，得元人笔墨韵致，画风寓巧于拙，别树一帜，西泠印社社务委员会藏项圣谟《垂纶小影图轴》、杭州博物馆藏项圣谟《重山峻岭图轴》可窥其画风。

晚明松江画派领袖董其昌提倡文人画，提出“南北宗”画学理论，以五代董、巨，宋代“二米”，元四家为“南宗”正脉，推崇以古人为师，在画坛掀起一股摹古、仿古为宗旨的画风。

王时敏、王鉴早年受董其昌亲炙，还与董其昌一起成为“画中九友”。王时敏精于摹古，反对创新，将自出新意视为“谬种”。尤以黄公望为宗，形成布景平稳，笔墨含蓄、圆润、松秀、清淡的绘画风格，创“娄东画派”，被誉为画坛领袖。王鉴画风与王时敏基本一致，齐名并称。康熙年间，王时敏孙王原祁克绍家法，笔力扛鼎，有所谓“笔端金刚杵”之称。笔墨不生不熟，醇厚苍浑。王翚为常熟人，师从王时敏、王鉴，临摹古画，广采博揽，技法全面。以南宗笔墨，运北宗丘壑，画风或茂密深秀，或劲秀清丽。以职业画家被推荐供奉内廷，奉诏命绘《康熙南巡图》，画名甚盛，追随者众多，有“清初画圣”之誉，开“虞山画派”。王时敏、王鉴、王翚、王原祁合称清初“四王”。因得清朝统治者推崇，被视为绘画正宗。

与王翚同时期的恽寿平，出身武进世家大族，堂伯父恽向画宗董、巨，用笔骨力圆劲，墨色淋漓浓润，有“逸品”之称，颇负时誉。浙江省博物馆藏有恽向《坐雨灵隐扇页》。恽寿平幼遭朝代更迭，乱世以卖画为生，一生清贫，尤以花卉画著称，创没骨花卉画风，开“常州画派”。笔墨秀逸明净，格调清雅，被尊为“写生正派”，影响极大，王武、恽冰等清代花鸟画家均追宗恽氏画风。恽寿平与“四王”以及吴历，称“四王吴恽”，又称“清六家”。浙江全省馆藏“四王”及恽寿平绘画不乏佳作，如西泠印社社务委员会藏王时敏《溪村晚霁图轴》，浙江省博物馆藏王鉴《仿古山水册》、王翚《寒山欲雪图轴》、王原祁《仿倪黄山水轴》，宁波市天一阁博物院藏恽寿平《倾城独立图轴》等。

以指头作画唐代或已有之，但直至清初始有“指头画”专门名称记载，并成为具有一定影响的特殊画种。康熙年间高其佩以指头代笔作画，取得极大成就，成为指画开山祖，也是清代指画最高成就者，所作指画线条粗犷，苍劲老辣，简括生动，颇有文人画意趣。绍兴博物馆藏高其佩《指画文魁星图》，朱砂代墨，在高其佩指画作品中不多见。

扬州在清代乾隆时期盐业经济发达，富裕的盐商希望“富而儒”，提升文化修养和社会地位，吸引了四方文人和画家汇集于扬州，其中以汪士慎、黄慎、李鱓、金农、高翔、郑燮、李方膺、罗聘为代表，即所谓“扬州八怪”，因画风相近，画史也有将华喦、高凤翰等画家列入“八怪”之中，也可称扬州画派，具有极大社会影响。“扬州八怪”都是博学能文，具有较高的文化修养的布衣文人或下层官吏，他们虽以卖画为生，但更多在于抒发胸臆，表达自我情感和审美情趣。采取“不循索画者之意，亦不固执已意”，两者兼顾，雅俗共赏的创作理念，画风贴近现实生活，富有生机。表现手法新颖而不失法度，笔墨清新自然，富有文人雅趣。“扬州八怪”不因循守旧，不亦步亦趋摹古、仿古，而标新立异，风格独创，故在正统派看来便以为怪。

金农博学多才，声望最高，为“扬州八怪”之首，书、画均奇古新颖，寓巧于拙，逸趣横生。华喦是“扬州八怪”中最具造型技能的全能型画家之一，人物、山水、花鸟皆工，题材广泛，善于写生，笔法灵逸生动，格调清新隽永。黄慎绘画多表现神话和历史故事以及民间生活题材，笔法方折顿挫，粗简洗练。李鱓擅画花卉虫鸟，竹石、松柏，早年工笔画写实，造诣颇深。晚年粗笔写意，纵横驰骋，不拘绳墨，自得天趣，对晚清花鸟画有较大影响。李方膺擅画松竹、兰石，也能人物、山水，笔法苍劲，纵横豪放。汪士慎为布衣文人，品性清高，书、画均有深厚造诣，擅画梅、兰，随意勾点，神腴气清，意蕴幽雅。罗聘于画无所不工，尤精人物、佛像、梅竹。画笔“离奇超妙，思致渊雅”。“扬州八怪”佳作全省以浙江省博物馆收藏最为丰富，如金农《书画册》《醉钟馗图轴》，华嵒《水阁云峰图轴》《归庄图轴》《柳崖松风图轴》，李鱓《杂画册》，汪士慎《书画册》《墨梅图卷》等，而罗聘《金农像轴》《丁敬像轴》更堪称神品。西泠印社社务委员会和杭州博物馆也有李鱓《秋声图轴》、黄慎《杂画册》、罗聘《蕉石古佛图轴》等佳作收藏。

清代中晚期，山水画传承“四王”正宗的黄易、奚冈、汤贻汾、戴熙有名于时。黄易以篆刻著名，为“西泠八家”之一，兼擅山水。戴熙绘画干擦淡皴，意境空灵隽永，颇具新意。还有一些山水画家另辟蹊径，以取法吴门画派文徵明、文伯仁为主，笔法细密，风格清劲秀丽，色彩雅致。较有名的有钱杜以及“丹徒画派”的张崟、潘恭寿等。还有著名皖派篆刻家巴慰祖，也兼擅绘画，取法石涛。西泠八家中除了黄易，还有陈鸿寿、赵之琛等均兼擅绘画，也别具风貌。这些画家作品，浙江全省馆藏不乏佳作珍品，如西泠印社社务委员会藏巴慰祖《松亭山色图轴》，构图新奇，笔墨清新峻迈。巴慰祖画作很少，颇为难得。

晚清上海开埠通商后迅速崛起，成为海纳百川、中西交汇的全国乃至远东商业中心和文化重镇。各地画家云集上海谋生，“闲中写出三千幅，行乞人间作饭钱”，满足社会各阶层需求，形成全国影响最大的海上画派。海派画家以任熊、任薰、任伯年、任预“四任”以及赵之谦、虚谷、吴昌硕、蒲华等为代表。任熊、任薰、任伯年都是民间画工出身，除了擅肖像画，人物、花鸟、山水各科皆能。任熊人物、山水主要取法陈洪绶，用笔或圆劲，或雄健，画风绚丽壮伟。作品具有一定的思想性和文学性，是海上画派先驱。任伯年学画于族叔任薰，均宗陈洪绶，作品以人物、花鸟最为丰富，影响最大。人物衣纹勾线钉头鼠尾描最具特色，晚年落笔如风，愈趋放纵简逸，墨色鲜润，色彩明快，雅俗兼具，富有巧趣。虚谷原籍安徽，以画松鼠及金鱼最著名，具有新安画派传统，笔法冷峭俊雅，别具一格。赵之谦才华横溢，具有极高的文化艺术修养，诗、书、画、印皆有杰出成就，名满海内。花卉画多取法“扬州八怪”李鱓，笔法豪迈，色墨浓润，风格“宏肆古丽”。蒲华诗文、书画皆擅，笔墨率意恣肆，苍莽华滋，与任伯年、吴昌硕、虚谷合称“海派四杰”。吴昌硕是清末民国集海派绘画之大成的一代宗师，诗、书、画、印，堪称“四绝”。所作大写意花卉，笔兼篆籀，雄强朴茂，苍浑厚重，独具金石气。自称“苦铁画气不画形”，具有龙腾蛟舞之气势，对近现代篆刻与书画艺术都产生重大影响。浙江全省博物馆藏海派绘画作品十分丰富，除了肖像画，其中宁波市天一阁博物院藏任熊《东坡笠屐图轴》，浙江省博物馆藏赵之谦《花卉四条屏》，西泠印社社务委员会藏任熊《兰亭秋禊第二图卷》、任薰《人物故事图四条屏》、任颐《龙女牧羊图轴》、吴昌硕《四季花卉四条屏》，嘉兴博物馆藏蒲华《紫阳山居图卷》等均可谓精品代表作。

晚清民国以来，西方文化汹涌而至，掀起一股学习西方美术热潮，中国画坛呈现五花八门的多元化现象，主要有传统派和改良派两个派别。改良派试图借鉴西方绘画技法，革新、改良中国传统绘画，徐悲鸿曾师从康有为，是改良传统绘画的积极倡导者和实践者，并取得卓越成就，是中国现代美术的奠基人。徐悲鸿画马，运用中国传统笔墨，结合西方绘画原理，成功塑造了全新的艺术形象，成为融合中西绘画的艺术典范。针对改良派，民国初期陈师曾发表著名的《文人画之价值》文章，肯定了中国文人画的进步性，坚持中国传统绘画。余绍宋在北京发起成立“宣南画会”，陈师曾是积极参与者，成为坚持发扬中国传统绘画的重要阵地。余绍宋系统研究中国画论，成就卓越。浙江省博物馆藏余绍宋《龙丘山图轴》可谓其山水画力作。

黄宾虹以“研究国学，保存国粹”，发扬民族传统文化艺术为己任。提出“金石学发明”使中国绘画“道咸中兴”之说，立足文人画思想，主张画重“内美”，在意不在貌。强调以书入画，“笔墨精神，千古不变”，“章法面目，刻刻翻新”。黄宾虹从新安画派以及“四王”等入手，师古人，师今人，更师造化，经数十年勤奋探索和艺术实践，晚年创造了“黑、密、厚、重”“浑厚华滋”的独特画风，达到了出神入化的艺术境界，赋予了传统绘画生机和活力，对中国传统绘画向现代形态转换有着重要的启示意义。浙江省博物馆藏黄宾虹作品最为丰富，总数达数千件之多，其中黄宾虹《青城坐雨图轴》，水墨淋漓，颇为少见，可谓妙品。黄宾虹《论天地人山水图轴》则为其晚年画作精品。

近现代黄宾虹在山水画上树起一座丰碑，同时期民间画工出身的齐白石则在花鸟画领域达到登峰造极境地。以“似与不似之间”为创作理念，将传统的文人意趣与朴素的民间艺术有机结合，走出了一条大俗大雅的路子，极富创造精神。题材丰富，凡寻常所见，无不入画，都从生活中来，表现手法可极工，可极写。形象鲜活灵动，笔墨简约、纯净，极富生活情趣，具有天真、淳朴的童心之美和真实情感。齐白石也能山水画，画作相对花鸟画较少，笔墨简括拙朴，大开大合，别出心裁。浙江省博物馆藏有齐白石《岱庙图轴》等佳作。

潘天寿是民族精神与传统文化的坚强捍卫者，反对简单的中西融合，主张“中西绘画，要拉开距离”，保持中国传统绘画艺术自身的独立性，强调“重人品，重修养”的传统文人画创作理念，是继吴昌硕、齐白石、黄宾虹之后，仅有的可称为传统文人画大师。潘天寿精于花鸟和山水，风格沉雄奇险，意趣苍古高华，大气磅礴，摄人心魄，展现了“强其骨”“一味霸悍”的强烈个性特色。其更擅指画，创造了继高其佩之后指画新的高峰。浙江省博物馆藏《雁荡山花图横幅》、西泠印社社务委员会藏《指画秃鹫图轴》均为潘天寿精心创制的力作。

吴湖帆出身诗礼簪缨之家，浸润于传统文化经典。取法“四王吴恽”、董其昌，上溯吴门画派及宋元各家，自具风貌。画风雅腴灵秀、清润缜丽，民国后期在海上画坛颇具影响力，也是传统文人画一代大家。浙江省博物馆藏吴湖帆《石梁飞瀑图镜片》代表了吴湖帆山水画典型风貌。

丰子恺是弘一法师弟子，为近现代著名文学家、漫画家。主张艺术要大众化、现实化，走出古代社会。其漫画反映现实生活，被称为“人生漫画”。涉笔成趣，充满文学性。其漫画受西画速写和日本现代画家竹久梦二启发与影响，线条简练，单线平涂，色彩浓重，创造了具有现代意义的中国特色漫画，是中国现代漫画鼻祖，展现了近现代中国绘画的多样性。浙江省博物馆藏丰子恺《护生画集册》为其积一生心血最重要的巨作。

傅抱石是近现代对传统中国绘画具有开拓性贡献的杰出画家。所作无论是古代的仕女、高士，还是欣欣向荣的山河新貌，在继承传统文人画精神的基础上，紧随时代步伐，“其命惟新”，对传统绘画笔墨语言以及境界、格调进行了大胆的探索和革新，打破传统中锋用笔的约束，任情挥洒，激情澎湃，创造了连皴带擦新颖独特的“抱石皴”。气势豪放而又精微细致，意象万千。注重写生记实，表现社会新生活、新气象，具有强烈的时代感，使古典主义的传统文人画迈入了具有现代意义的新境地。杭州博物馆藏傅抱石《浙江写生集》为其1962年11月至1963年3月在浙江写生并创作的精品。

浙江全省馆藏绘画从最早的唐、宋民间佛教绘画至近现代名家大师巨作，是千余年来无数民间画工、宫廷画家、职业画家、文人画家呕心沥血创造的璀璨的文化经典，品类丰富多彩，表现形式多样，风格迥异，显示了中国绘画的辉煌成就，展现了历代艺术家的聪明才智，承载着先贤们的审美理想、思想情怀、精神品格，体现了中国悠久的历史文化和哲学思想。这些绘画艺术珍品历经千载风雨、兵燹劫难得以保存至今，凝聚了历代收藏家和广大文物工作者的心血和汗水。回首凝望，仰之弥高！我们今天必将守护好这份珍贵遗产，并代代相传，发扬光大。

凡　例

一、本书文物来源为全省国有文物收藏单位2016年前登记在册的藏品。

二、本书所收录的文物以一级文物为主，少量二、三级文物和具有重要历史、艺术、科学价值的未定级文物。

三、编排体例上，器物部分按品类以时代为序排列。书法绘画作品原则上以作者生年先后为序，佚名作品则根据作品时代风格斟酌排序。

四、本书文物名称采用《馆藏文物登录规范》（WW/T0017–2013）所规定的定名要素制定，按照年代、特征、通称顺序排列。

五、文物收藏单位的名称依2021年10月22日公布的浙江省博物馆（纪念馆）名录（2020年）称谓。

目　录

唐佛说阿弥陀经变相图卷（残本）

纸本。设色。纵29厘米，横45.5厘米。卷轴装

1956年龙泉县东大寺（崇因寺）双塔或金沙寺华严塔出土

此图依据经文绘“七宝池”与三连“宝楼阁”，空中下曼荼罗花雨，一佛二菩萨端坐莲台，三位佛国土众生前来礼敬诸佛，表现阿弥陀佛国土庄严场景。以墨、朱砂、白粉等直接勾线或涂染，具有唐代敦煌壁画风格特征。构图单纯有序，笔法粗壮古拙，用色浓重，气象华丽。据有关专家研究：“为目前所见唯一一件图文兼具的写本《佛说阿弥陀经》。”

现藏浙江省博物馆

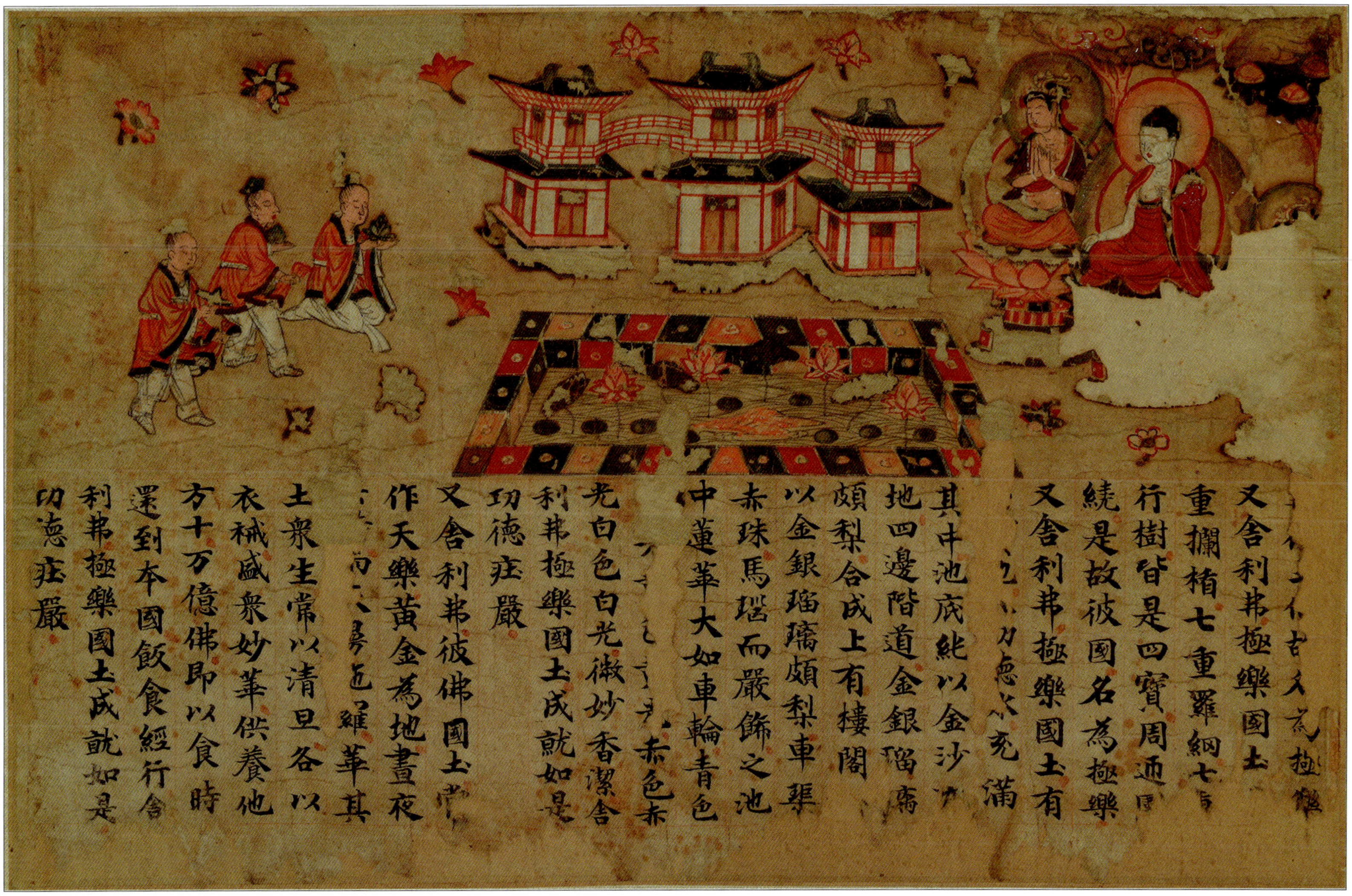

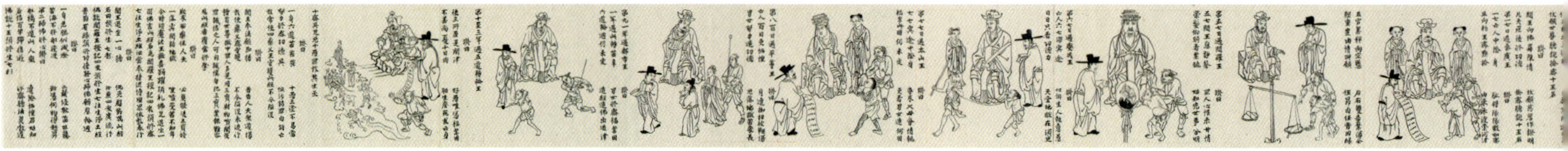

北宋佛说预修十王生七经卷

纸本。墨笔。纵31厘米，横603厘米。朱丝栏

1987年黄岩县乾德元年（963）建灵石寺塔出土

卷首题：“佛说预修十王生七经。谨启讽阎罗王预修生七往生净土经，誓劝有缘以五会启经入赞，念阿弥陀佛。成都府大圣慈寺沙门藏川述赞。”

经卷书有33篇偈赞，配有依经文所绘插图10幅“十殿阎王”图，表现人死后经十殿阎王受审情形。所谓预修，即欲于死后往生净土，趋入菩提之道，故在生前预修善根功德，预先行佛事，祈求死后免受地狱之苦，来世投生福界。白描插图为五代末北宋初民间画工所绘，笔法率意而流畅有力，形象生动。

现藏台州市黄岩区博物馆

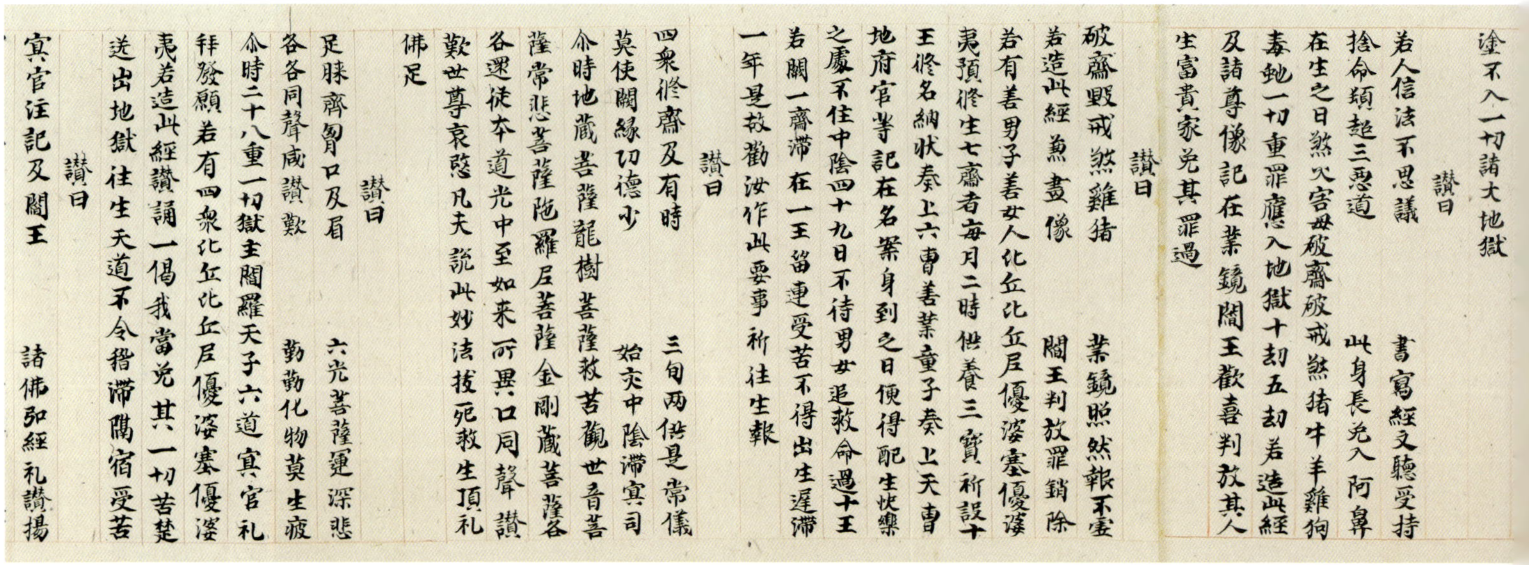

途不入一切諸大地獄
讚曰
若人信法不思議　書寫經文聽受持
捨命頓超三惡道　此身長免入阿鼻
在生之日煞父害母破齋破戒煞猪牛羊雞狗
毒蛇一切重罪應入地獄十劫五劫若造此經
及諸尊像記在業鏡閻王歡喜判放其人
生富貴家免其罪過
讚曰
破齋毀戒煞雞猪　業鏡照然報不虛
若造此經兼畫像　閻王判放罪銷除
若有善男子善女人比丘比丘尼優婆塞優婆
夷預修生七齋者每月二時供養三寶祈設十
王修名納狀奏上六曹善業童子奏上天曹
地府官等記在名案身到之日便得配生快樂
之處不住中陰四十九日不待男女追救命過十王
若闕一齋滯在一王留連受苦不得出生遲滯
一年是故勸汝作此要事祈往生報
讚曰
四衆修齋及有時　三旬兩供是常儀
莫使闕緣功德少　始交中陰滯冥司
爾時地藏菩薩龍樹菩薩救苦觀世音菩
薩常悲菩薩陀羅尼菩薩金剛藏菩薩各
各還從本道光中至如來所異口同聲讚
歎世尊哀愍凡夫說此妙法拔死救生頂礼
佛足
讚曰
足胅齊胷口及眉　六光菩薩運深悲
各各同聲咸讚歎　勤勤化物莫生疲
爾時二十八重一切獄主閻羅天子六道冥官礼
拜發願若有四衆比丘比丘尼優婆塞優婆
夷若造此經讚誦一偈我當免其一切苦楚
送出地獄往生天道不令稽滯隔宿受苦
讚曰
冥官注記及閻王　諸佛弘經礼讚揚

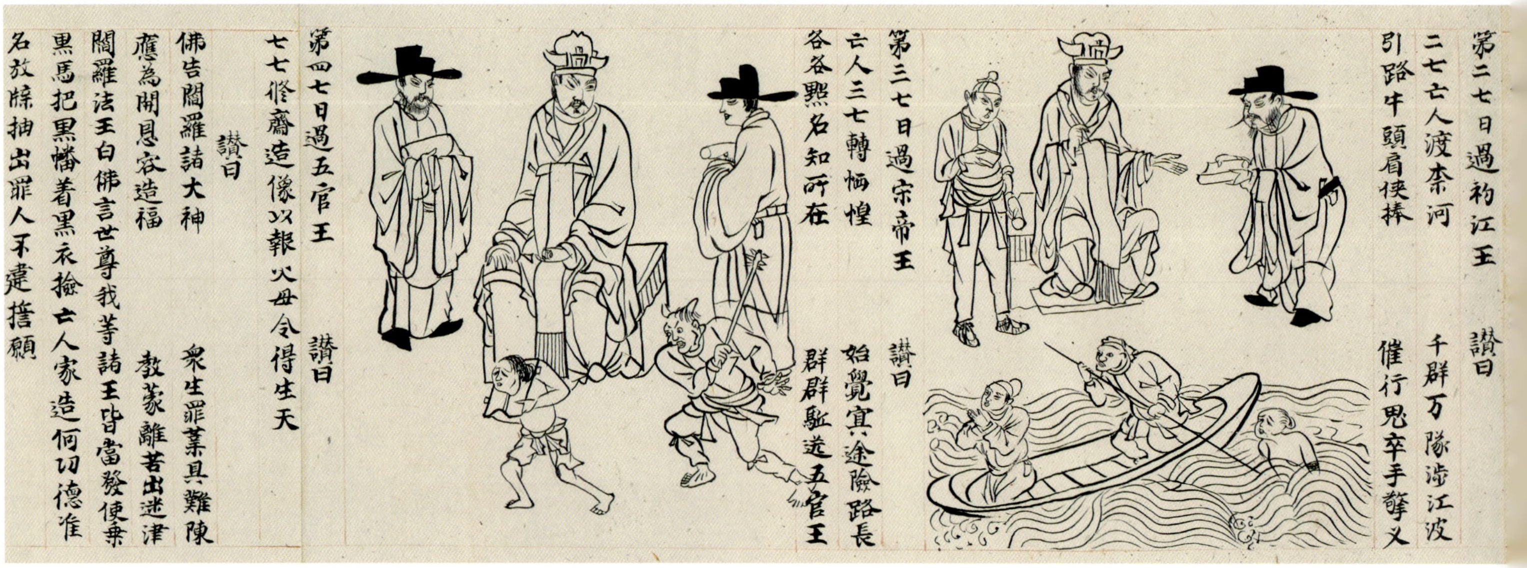

第二七日過初江王
讚曰
二七亡人渡柰河　千群万隊涉江波
引路牛頭肩挾棒　催行鬼卒手擎叉
第三七日過宋帝王
讚曰
亡人三七轉恓惶　始覺冥途險路長
各各點名知所在　群群驅送五官王
第四七日過五官王
七七修齋造像以報父母令得生天
讚曰
佛告閻羅諸大神　衆生罪業具難陳
應為開恩容造福　教蒙離苦出迷津
閻羅法王白佛言世尊我等諸王皆當發使乘
黑馬把黑幡着黑衣撿亡人家造何功德准
名放牒抽出罪人不違誓願

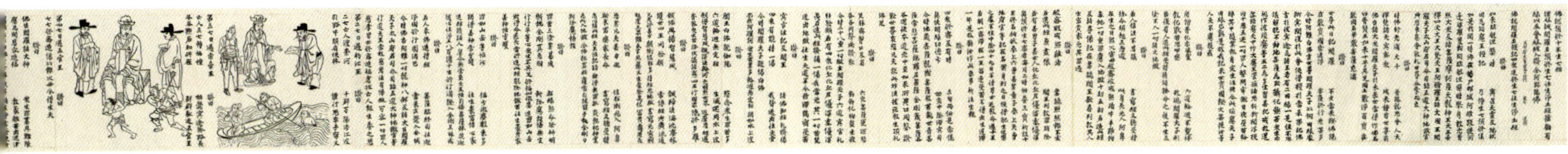

佛說預修十王生七經
謹啓諷閻羅王預修生七往生淨土經誓勸有
緣以五會啓經入讚念阿彌陀佛
成都府大聖慈寺沙門　藏川　述讚
佛說閻羅王授記四衆逆修生七往生淨土經
讚曰
如來臨般涅槃時　廣召天靈及地祇
因爲琰魔王授記　乃傳生七預修儀
如是我聞一時佛在鳩尸那城阿維跋提河
邊娑羅雙樹間臨般涅槃時舉身放光普
照大衆及諸菩薩摩訶薩天龍神王天王帝
釋四天大王大梵天王阿脩羅王諸大國王閻
羅天子太山府君司命司録五道大神地獄官
典悉來集會敬礼世尊合掌而立
讚曰
時佛舒光滿大千　普臻龍鬼會人天
釋梵諸天冥密衆　咸來稽首世尊前
佛告諸大衆閻羅天子於未來世當得作佛名
曰普賢王如來十号具足國土嚴淨百寶莊
嚴國名華嚴菩薩充滿
讚曰
世尊此日記閻羅　不久當來證佛陀
莊嚴寶國常清淨　菩薩修行衆甚多
尒時阿難白佛言世尊閻羅天子以何因緣處
斷冥間復於此會便得授於當來果記佛
言於彼冥途爲諸王者有二因緣一是住不思
議解脫不動地菩薩爲欲攝化極苦衆生示
現作彼琰魔等王二爲多生習善犯戒故退
落琰魔天中作大魔王管攝諸鬼科斷閻浮提
内十惡五逆一切罪人繫閉牢獄日夜受苦輪
轉其中隨業報身定生注死今此琰魔天子
因緣已熟是故我記來世寶國證大菩提汝等
人天不應疑惑
讚曰
悲憎普化示威靈　六道輪迴不蹔停

四衆有能持一偈　我皆送出往天堂
尒時閻羅天子說偈白佛
南無阿羅訶　衆生苦業多　輪迴無定相　猶如水上波
讚曰
閻王白佛說伽陀　愍念衆生罪苦多
六道輪迴無定相　生滅還同水上波
願得智慧風飄墮法輪河光明照世界　巡歷悉經過
普救衆生苦降伏攝諸魔四王行國界　傳佛修多羅
讚曰
願佛興揚智慧風　飄歸法海洗塵朦
護世四王同發願　常傳經典廣流通
凡夫修善少　顛倒信邪多　持經免地獄　書寫免灾痾
超度三界難永不見藥叉生處登高位　富貴壽延長
讚曰
惡業凡夫善力微　信邪倒見入阿鼻
欲求富樂家長命　書寫經文聽受持
志心誦此經　天王恒記録　欲得無罪咎　莫煞祀神靈
爲此入地獄　念佛把真經　應當自誡勗　手執金剛刀
斷除魔種族
讚曰
罪苦三途業易成　都緣煞命祭神明
願執金剛真惠劍　斬除魔族悟無生
行行平等心　衆生不具足　修福似微塵　造罪如山岳
欲得命延長　當修造此經　能除地獄苦　往生豪貴家
善神恒守護
讚曰
罪如山岳等恒沙　福少微塵數未多
猶得善神常守護　往生豪富信心家
造經讀誦人　忽尒無常至　天王恒引接　菩薩捧花迎
隨心往淨土　八百億千生　修行滿證入　金剛三昧成
讚曰
若人奉佛造持經　菩薩臨終自往迎
淨國修行圓滿已　當來正覺入金城
尒時佛告阿難一切龍神八部及諸大臣閻羅
天子太山府君司命司録五道大神地獄官等

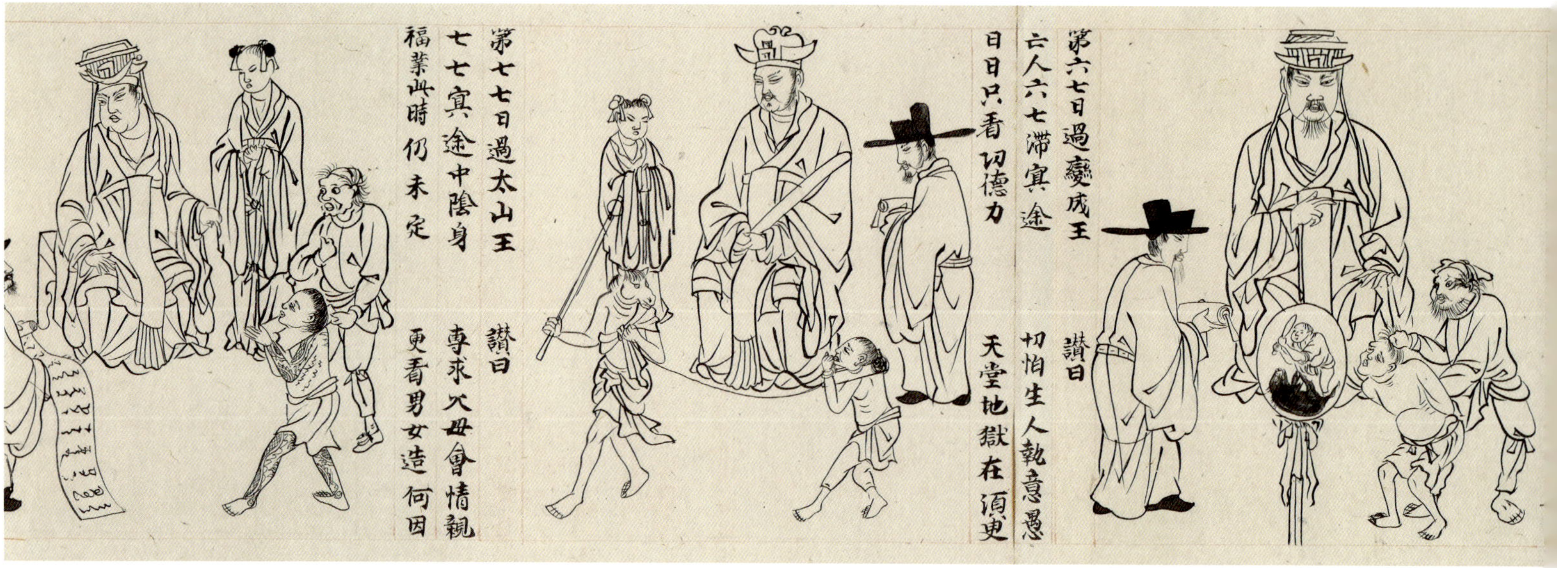
第六七日過變成王
亡人六七滯冥途
日日只看功德力
讚曰
切怕生人執意愚
天堂地獄在須臾
第七七日過太山王
七七冥途中陰身
福業此時仍未定
讚曰
專求父母會情親
更看男女造何因

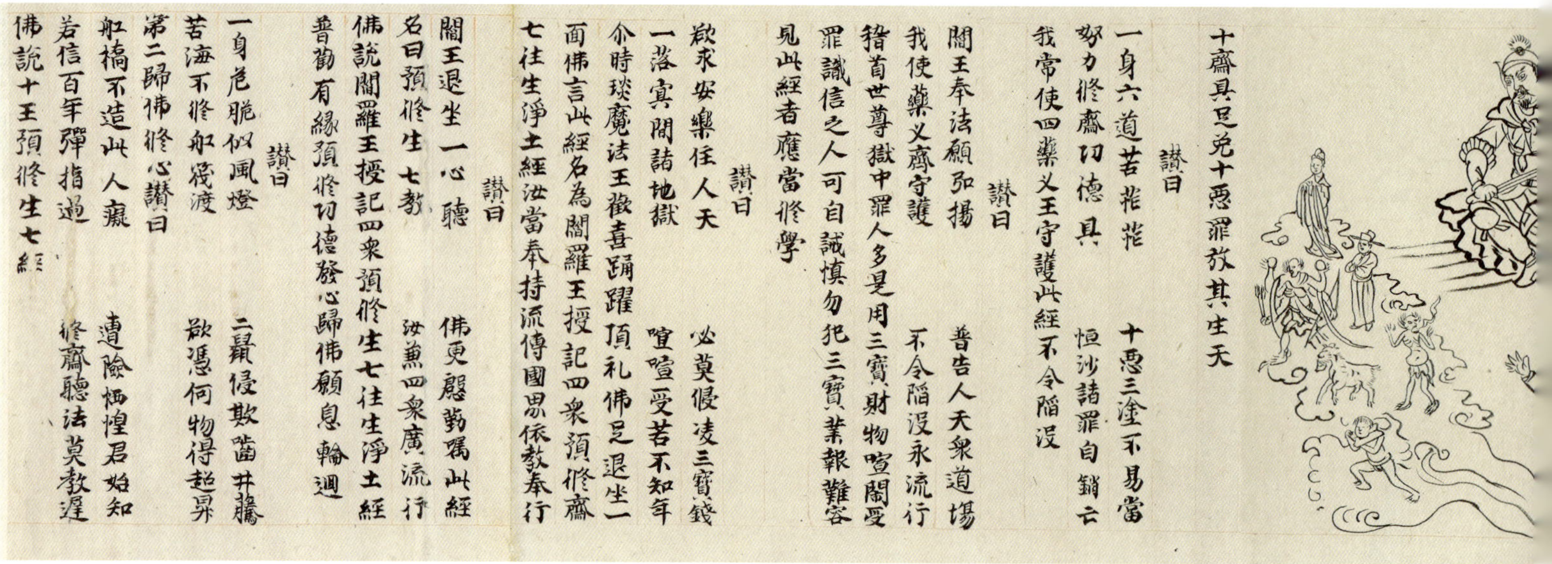
十齋具足免十惡罪放其生天
讚曰
一身六道苦茫茫
十惡三塗不易當
努力修齋功德具
恒沙諸罪自銷亡
我常使四藥叉王守護此經不令陷沒
讚曰
閻王奉法願弘揚
普告人天衆道場
我使藥叉齋守護
不令陷沒永流行
稽首世尊獄中罪人多是用三寶財物喧鬧受
罪識信之人可自誡慎勿犯三寶業報難容
見此經者應當修學
讚曰
欲求安樂住人天
必莫侵凌三寶錢
一落冥間諸地獄
喧喧受苦不知年
爾時琰魔法王歡喜踊躍頂禮佛足退坐一
面佛言此經名為閻羅王授記四衆預修齋
七往生淨土經汝當奉持流傳國界依教奉行
讚曰
閻王退坐一心聽
佛更慇懃囑此經
名曰預修生七教
汝兼四衆廣流行
佛說閻羅王授記四衆預修生七往生淨土經
普勸有緣預修功德發心歸佛願息輪迴
讚曰
一身危脆似風燈
二鼠侵欺嚙井藤
苦海不修船筏渡
欲憑何物得超昇
第二歸佛修心讚曰
船橋不造此人癡
遭險恓惶君始知
若信百年彈指過
修齋聽法莫教遲
佛說十王預修生七經

名放牒抽出罪人不違誓願

讚曰

諸王遣使撿亡人　男女修何功德因
依名放出三塗獄　免歷冥間遭苦辛

伏願世尊聽說撿齋十王名

讚曰

閻王向佛再陳情　伏願慈悲作證明
凡夫死後修功德　撿齋聽說十王名

第一七日過秦廣王

讚曰

一七亡人中陰身　駈將隊隊數如塵
且向初王齋點撿　由來未渡奈河津

五官業秤向空懸　左右雙童業簿全
輕重豈由情所願　低昂自任昔因緣

第五七日過閻羅王

讚曰

第八百日過平等王

讚曰

亡人百日更恓惶　身遭枷杻被鞭傷
男女努力造功德　免落地獄苦處長

第九一年過都市王

讚曰

一年過此轉苦辛　男女修齋福業因
六道輪迴仍未定　造經造佛出迷津

第十至三年過五道轉輪王

讚曰

後三所歷是關津　好惡唯憑福業因
不善尚憂千日內　胎生產死夭亡身

宋佚名高阁侍读图页

绢本。设色。纵23厘米，横23.6厘米
款识："马远。"
钤鉴藏印："□图书之印""吴郡陆氏珍玩""郑氏明德"。
图中依山筑阁，阁中有高士以及侍者数人。山石施以小斧劈皴，笔法挺劲方硬。树干瘦硬如屈铁，颇似马远风格。"马远"款系后添。
现藏浙江省博物馆

宋佚名丛竹文禽图纨扇页

绢本。设色。纵21.2厘米，横24.7厘米

无款识。

钤鉴藏印："鲜于""铁蕉仙馆"。

此图双钩荆棘竹丛，红色野果垂挂枝头，山禽栖于荆枝上，鸟眼半睁，形态可掬。笔法工致而细劲有力，设色浓丽古雅，刻画逼真，反映了宋人极高的写实能力。

现藏杭州博物馆

宋元佚名十六应真图卷

纸本。墨笔。纵30厘米，横960厘米

无款识。

拖尾翁嵩年、张宗祥、黄胄、徐邦达题跋。

钤鉴藏印："张瀚之印""康怡图书""晚知书画真有益""杭州高络园鉴藏乡先贤书画真迹之记"。

此卷绘十六应真（罗汉），形态各异，神情超妙，白描罗汉，勾线简率清劲。树石皴擦，笔法迅疾放纵，淋漓苍古，颇有梁楷、牧溪禅画笔墨意趣。

现藏西泠印社社务委员会

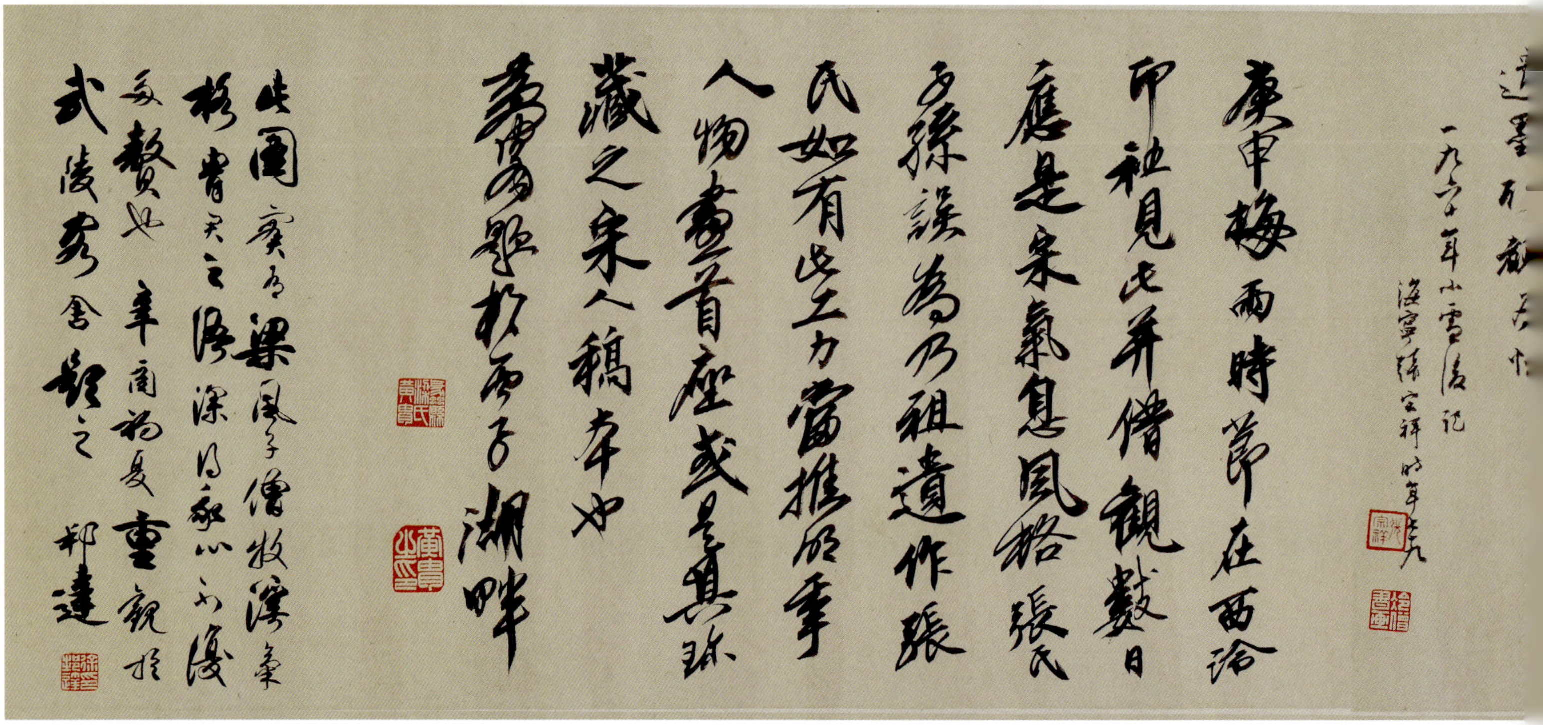
庚申梅雨時節在西泠
印社見此并借觀數日
應是宋氣息風格張氏
子孫誤為乃祖遺作張
氏如有此工力當推明季
人物畫首座或是真跡
藏之宋人稿本也

張瀚錢塘人明嘉靖進士萬曆元
年由南京工部尚書擢陞吏部尚
書五年以非議居正奪情事科
給事中王道成御史謝思啟承居
正意勒致仕當銓五年人
頗稱其公正畫極少見此十六應
真卷人物樹石用筆均極放縱
蘿軒評其似李龍眠特就其

張恭懿公成嘉靖乙未進士歷官至冢宰以
争江陵奪情歸里屢賜存問其大節不可奪
立朝之風采可見矣著作甚富而留心於繪事
山水在馬遠夏圭之間人物則師李龍眠吳道
子神物究肖筆墨瀟洒乃知前輩游藝之學
如此其精也張氏與余家世為姻婭而鴻寶妹
婿能收拾其先世遺蹟俾後人寶而傳之是不可
以不書戊寅九月二十日後學翁萬年謹識於西湖
之瑪瑙山莊

元佚名九歌图卷

纸本。墨笔。纵39.9厘米，横320.5厘米。分九段

无款识。

卷后另纸元人赵衷、刘堪以及近现代黄宾虹跋。

钤鉴藏印："莒林审定""松云珍藏""李尧栋印"。

屈原楚辞《九歌》本是一组祭祀神祇的祭歌，共十一篇，分别是《东皇太一》《云中君》《湘君》《湘夫人》《大司命》《少司命》《东君》《河伯》《山鬼》《国殇》和《礼魂》。《礼魂》为祭祀典礼结束送神曲，余十篇分祭十神。此图卷分段绘九神，因各段装裱前后次序有所颠倒，现存各图依次为《少司命》《湘君》《湘夫人》《大司命》《云中君》《东君》《河伯》《山鬼》《国殇》，缺《东皇太一》。构图简洁，白描线条细劲飘逸，人物神态端庄凝重。画面兼以墨笔染擦，淡润雅洁。

现藏浙江省博物馆

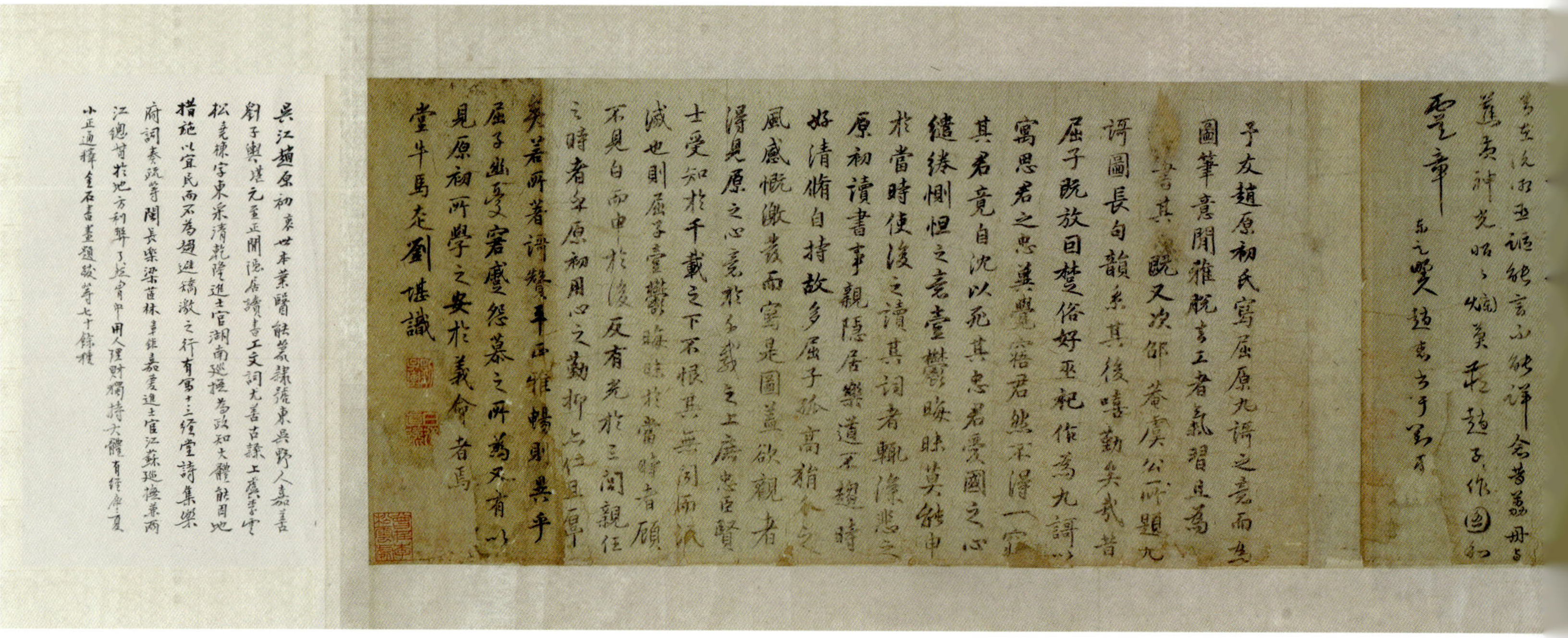
予友趙原初氏寫屈原九歌之意而為
圖筆意閒雅脫去工者氣習且為
書其旣又次邵菴虞公所題九
歌圖長句韻系其後噫勤矣哉昔
屈子旣放曰楚俗好巫祀作為九歌以
寓思君之忠冀覺寤君然不得一容
其君竟自沈以死其忠君愛國之心
繾綣惻怛之意壹鬱晦昧莫能申
於當時使後之讀其詞者輒滌悲之
原初讀書事親隱居樂道不趨時
好清脩自持故多屈子孤高猶今之
風感慨激發而寫是圖蓋欲觀者
得見原之心竟於千載之上彦忠臣賢
士受知於千載之下不恨其無聞而泯
滅也則屈子壹鬱晦昧於當時者顧
不見白而申於後反有光於三閭親任
之時者乎原初用心之勤抑亦仕且厚
矣若所著詩贊平正雅暢則異乎
屈子幽憂窮蹙怨慕之所為又有以
見原初所學之安於義命者焉
堂牛馬走劉堪識

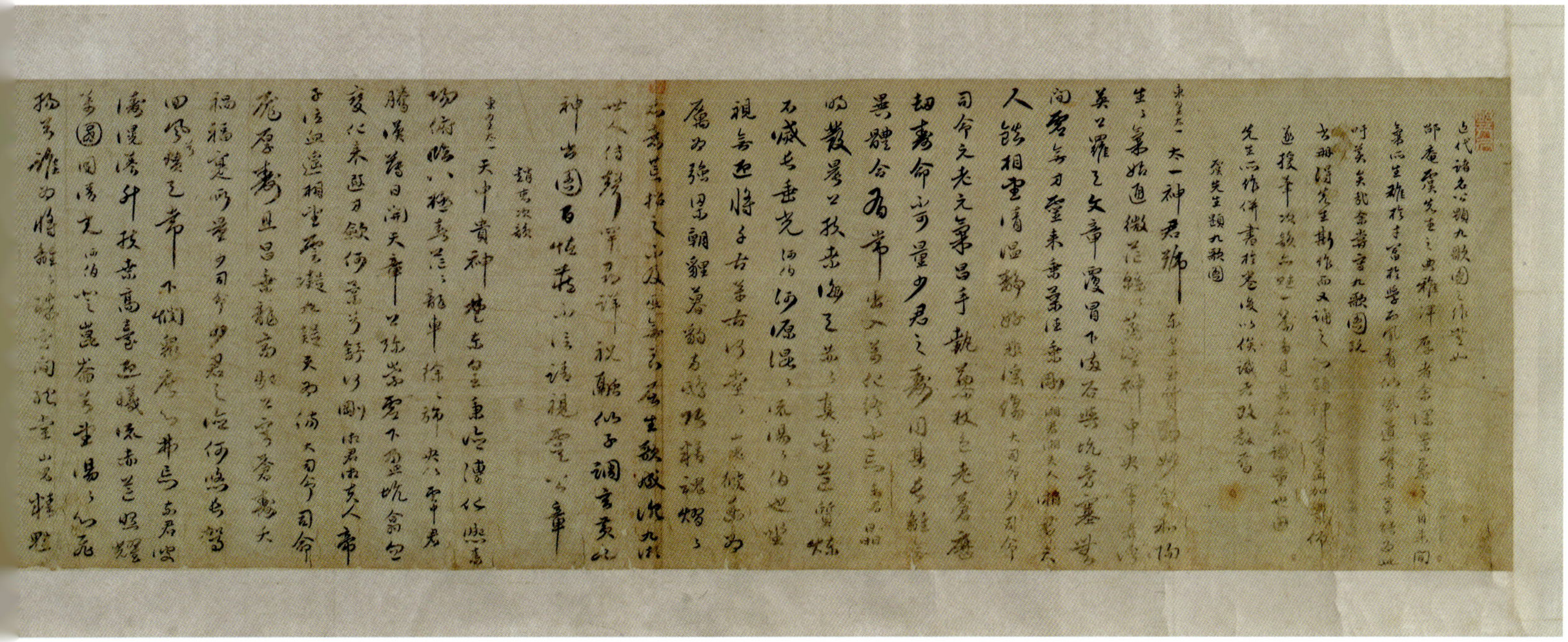

元黄公望富春山居图卷（剩山图）

纸本。墨笔。纵31.8厘米，横51.4厘米

本幅无款识。

《富春山居图》是黄公望于元至正七年（1347）七十九岁归富春山居为道士郑樗（字无用）所作，取法董源、巨然，以长披麻皴为主要表现手法，峰峦圆厚，山顶多作矾头，笔墨简淡苍润。画面林峦浑秀，草木华滋，充满了隐者悠游林泉、萧散淡泊的心境和意趣。

原全卷长约746厘米。明末为吴正志珍藏，清初吴正志之子吴洪裕以此图火殉，幸被其侄吴子文抢出，但画卷前段已被烧焦，后被分截两段，后段称“无用师卷”，今藏台北“故宫博物院”。此图为原卷割去火后残剩前段，无款识。清初为吴其贞所得，名为“剩山图”。

此“剩山图”韩菿题引首，郑慕康补黄公望像，王同愈、沈尹默题识，吴湖帆题签。

拖尾有广宁王廷宾题记[康熙己酉（1669）]，有影印富春真迹广宁王氏本与泰兴季氏本连接处合影图。吴湖帆作有考释长跋，复有王同愈、叶恭绰（1939）、吴诗初、夏敬观、吴征、褚德彝、冯超然、张珩、（陈）蝶野、马衡、张大千、王荪才、叶恭绰（1942）、汪东跋。末尾有辛卯（1951）吴湖帆题《锦缠道》词一阕。

本幅钤鉴藏印：“吴（之矩）”（骑缝半印）、“其贞”“梅景书屋秘笈”“吴湖帆珍藏印”“静淑书画”“铭心绝品”“至宝”“梅景书屋”“静淑宝藏”“吴万宝藏”“梅景书屋吴湖帆潘静淑夫妇同珍之宝”（骑缝印）、“双修阁图书记”。

现藏浙江省博物馆

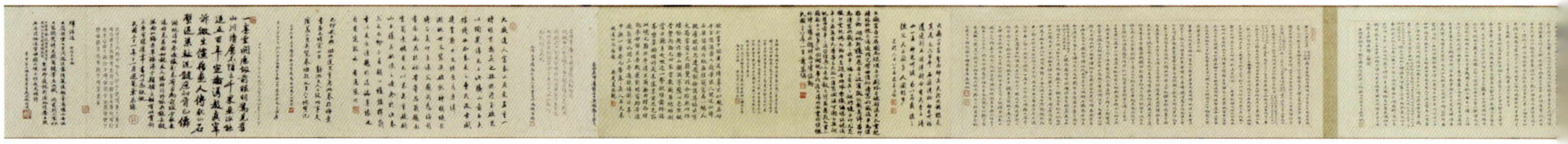

山川渾厚草木華滋
畫苑墨皇大癡第一神品富春山圖
己卯元日書句曲題辭于上吳湖帆秘藏

富春一角
元黄子久富春山居圖卷真迹燼餘殘本

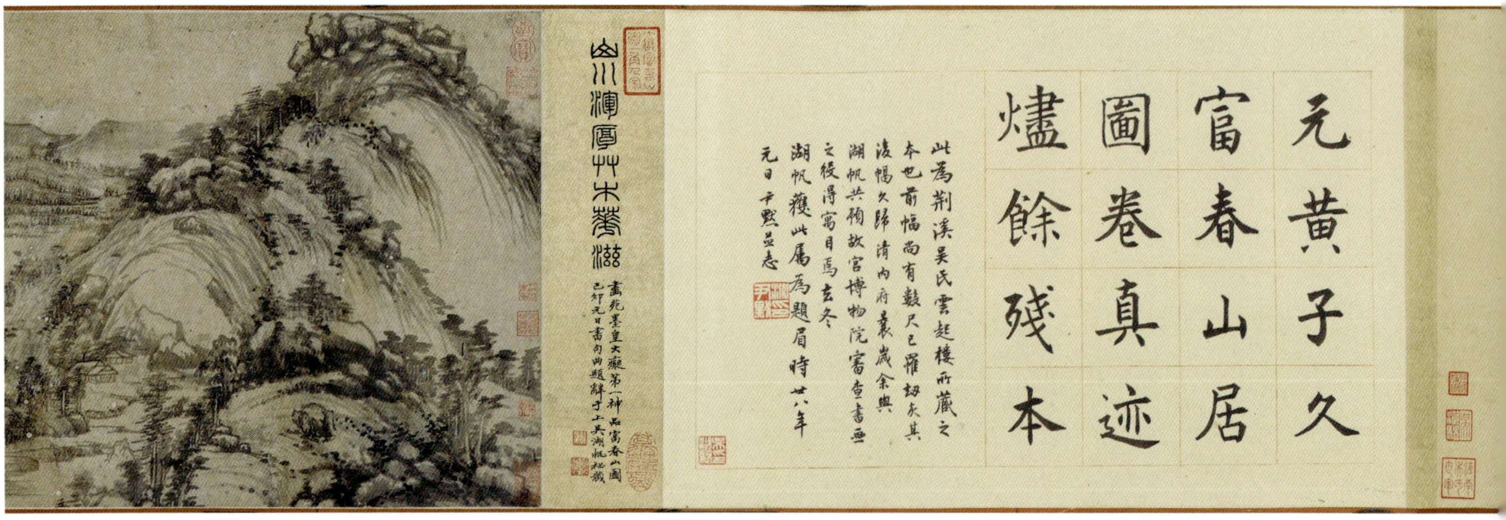
元黄子久
富春山居
圖卷真迹
燼餘残本

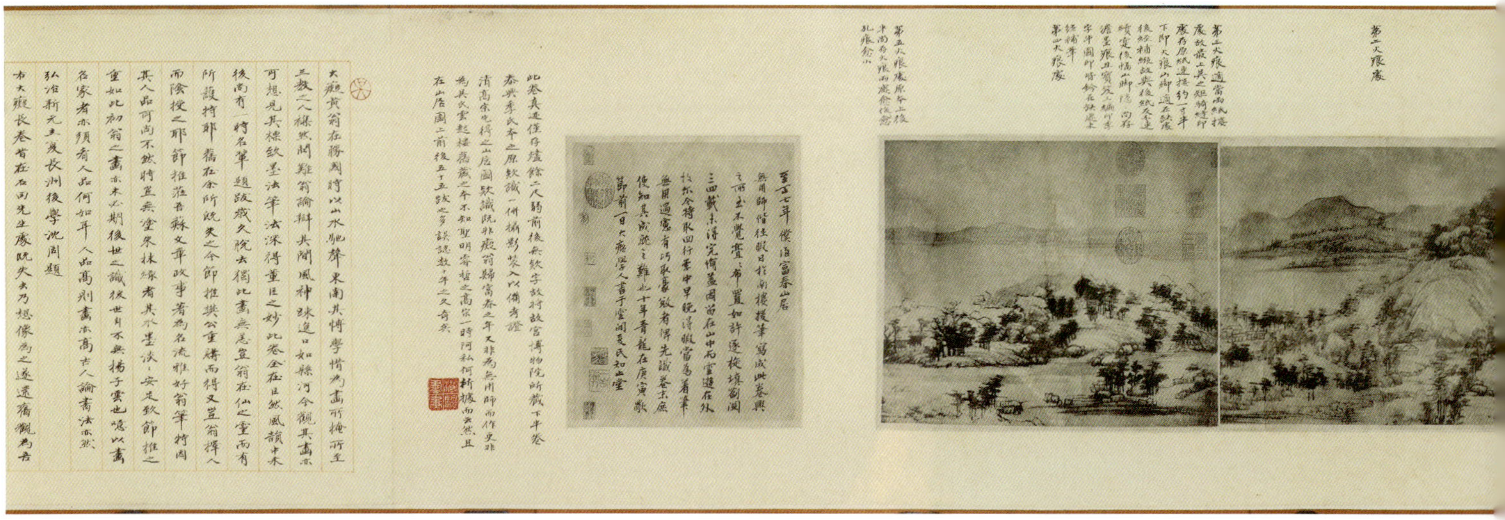

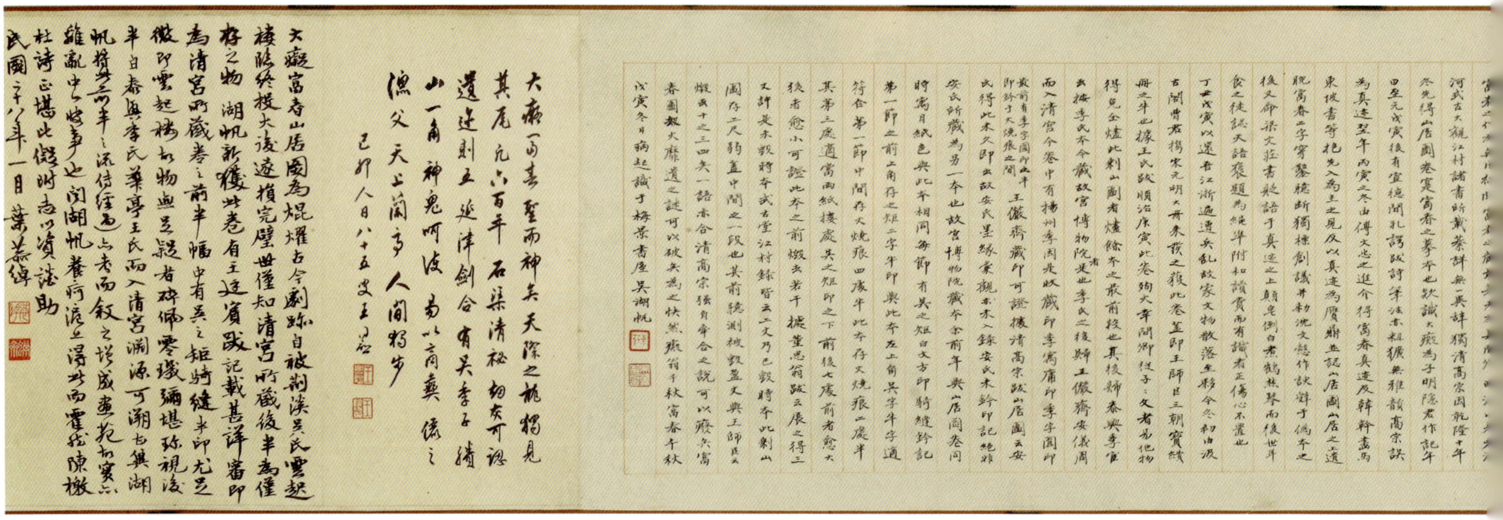

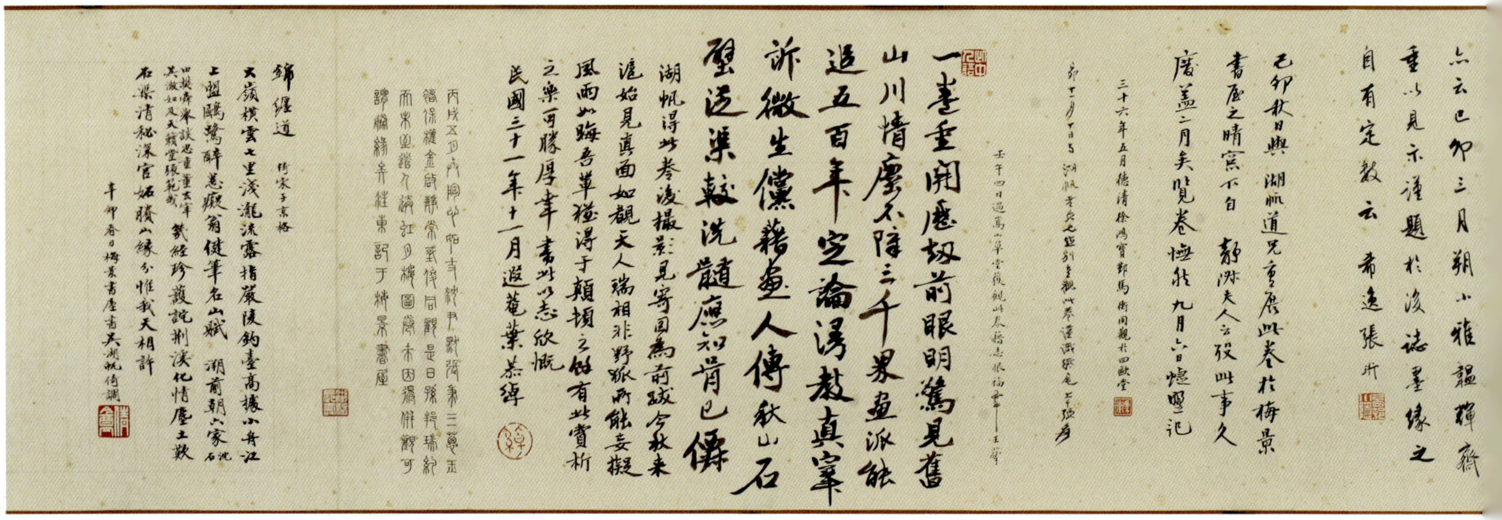

富春一角

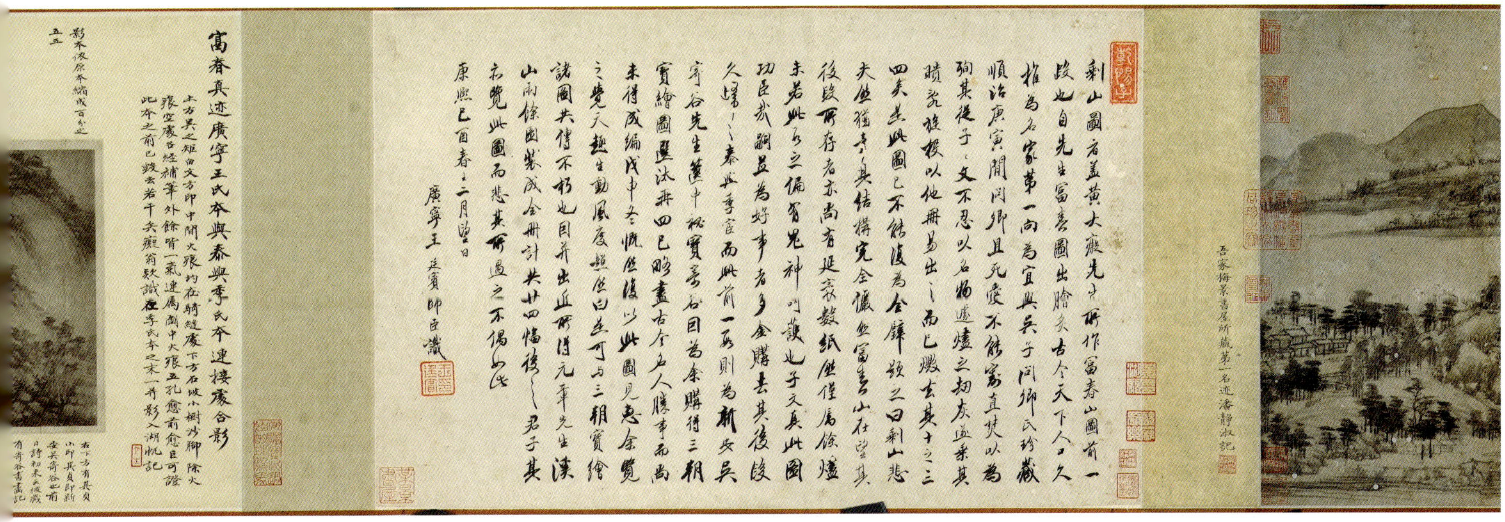

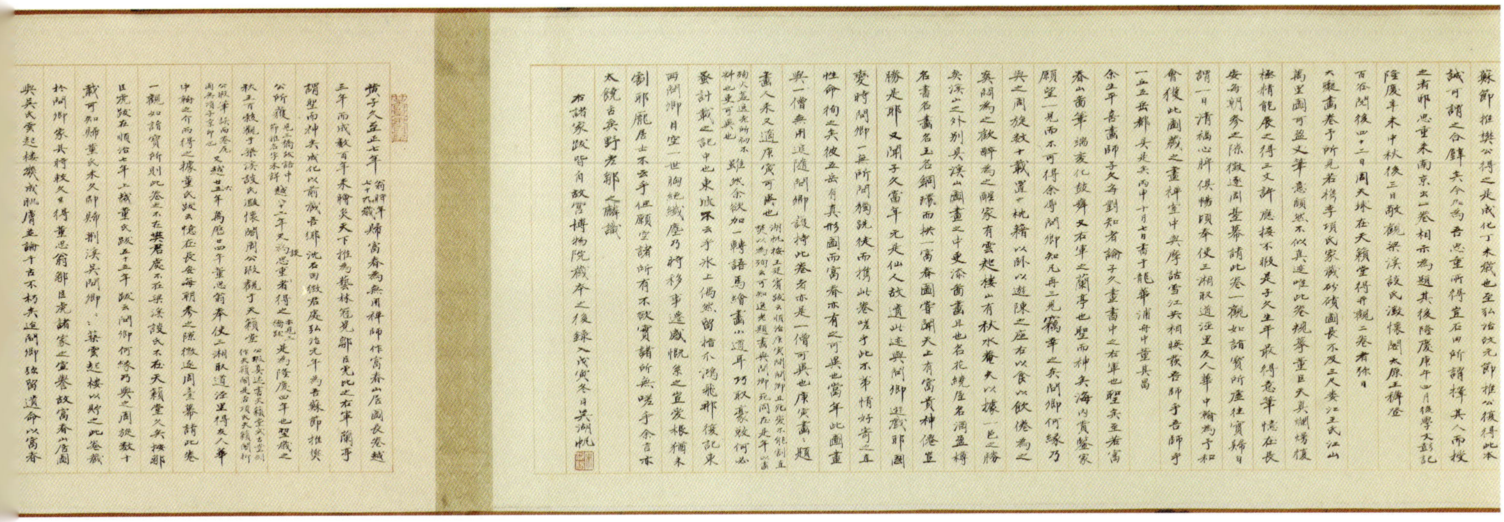

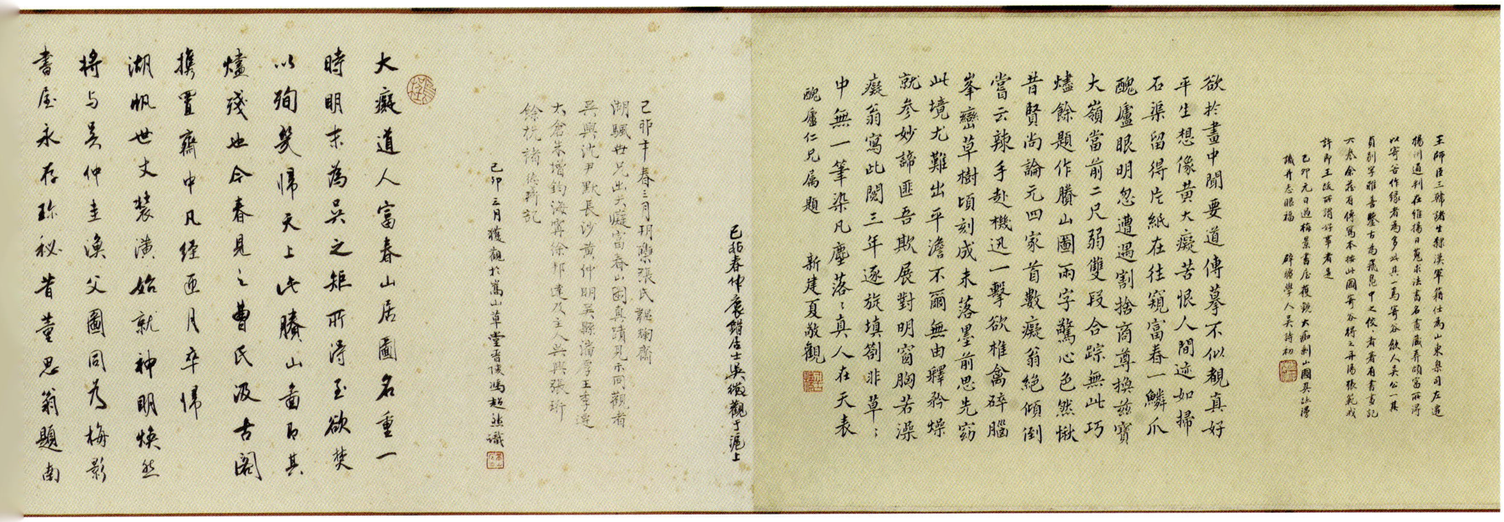

元吴镇双树坡石图轴

绢本。墨笔。纵68.9厘米，横27厘米

无款识。钤印："中圭""梅花道人"。

钤鉴藏印："朱别宥收藏记"等。

此图以秃笔中锋绘双树坡石，双树或挺拔高耸，或倚斜偃蹇，枝叶紧密郁茂。笔墨清淳平实，苍润雄秀，气味古厚。

现藏宁波市天一阁博物院

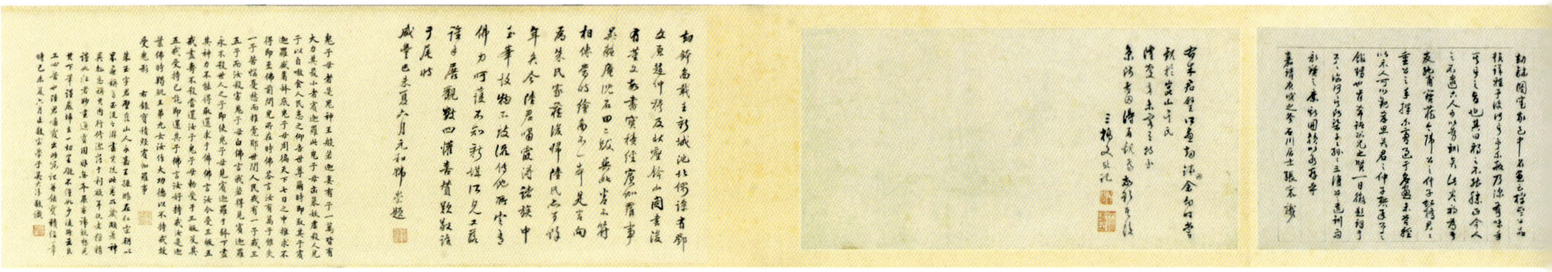

元朱玉劫钵图卷

纸本。墨笔。纵27.7厘米，横111.4厘米

本幅无款识。钤印："玉生""姑苏昆山朱氏君璧父章""朱氏君璧"。

卷后有明顾潜、张寰、文彭，清韩崇、吴大淳跋。

此图描写《宝积经》等佛经中佛陀度鬼子母"诃梨帝母"皈依故事：鬼子母暴虐成性，生子一万，杀人子女为食。佛陀遂将其幼子镇于琉璃钵中，鬼子母率众魔百十余劫钵救子未果。佛趺坐莲台，庄严自如，经佛陀劝化，鬼子母最终发誓永不杀人，皈依佛门，成为护法诸天之一，鬼子得从钵中放出。

全卷构图繁密，布置巧妙。人物衣饰、旗鼓矛戟等各有肖似。白描细入毫发，用笔精微细劲，神采飞动。

现藏浙江省博物馆

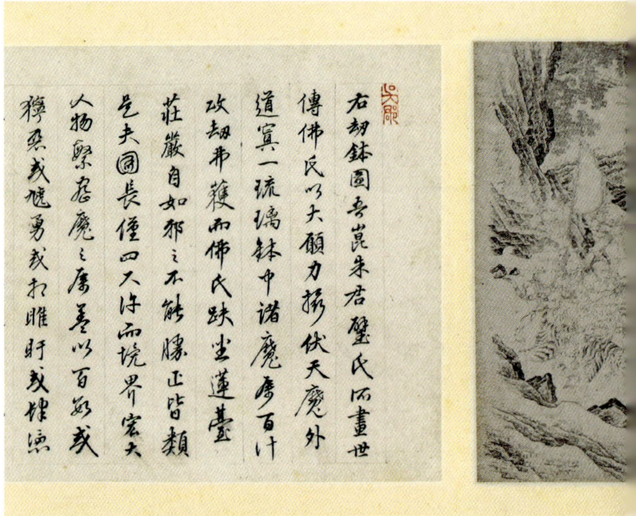

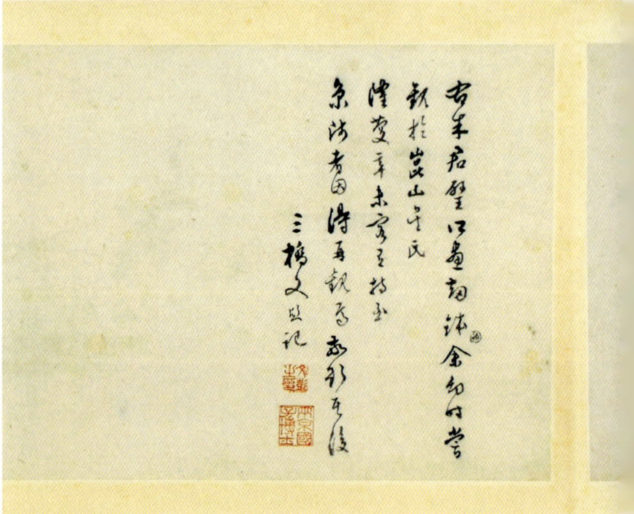

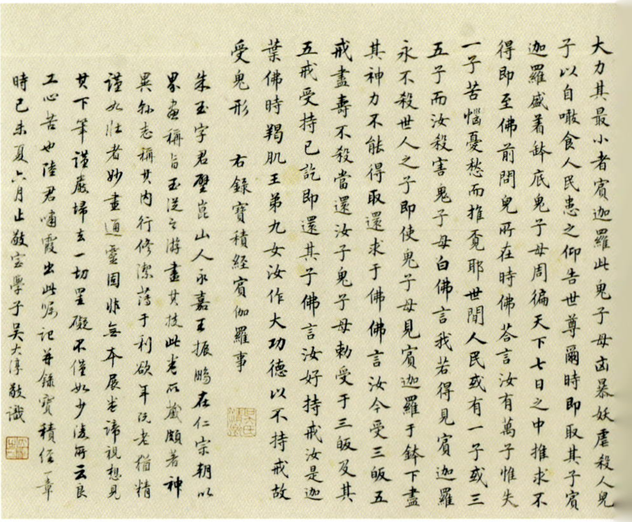

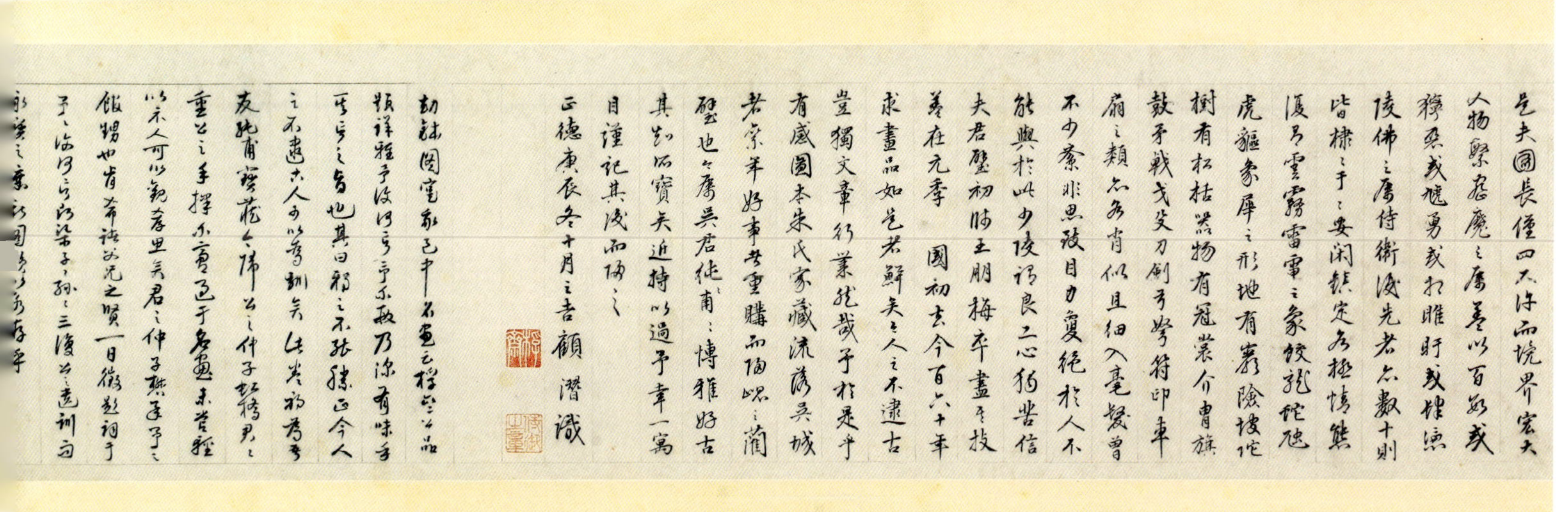

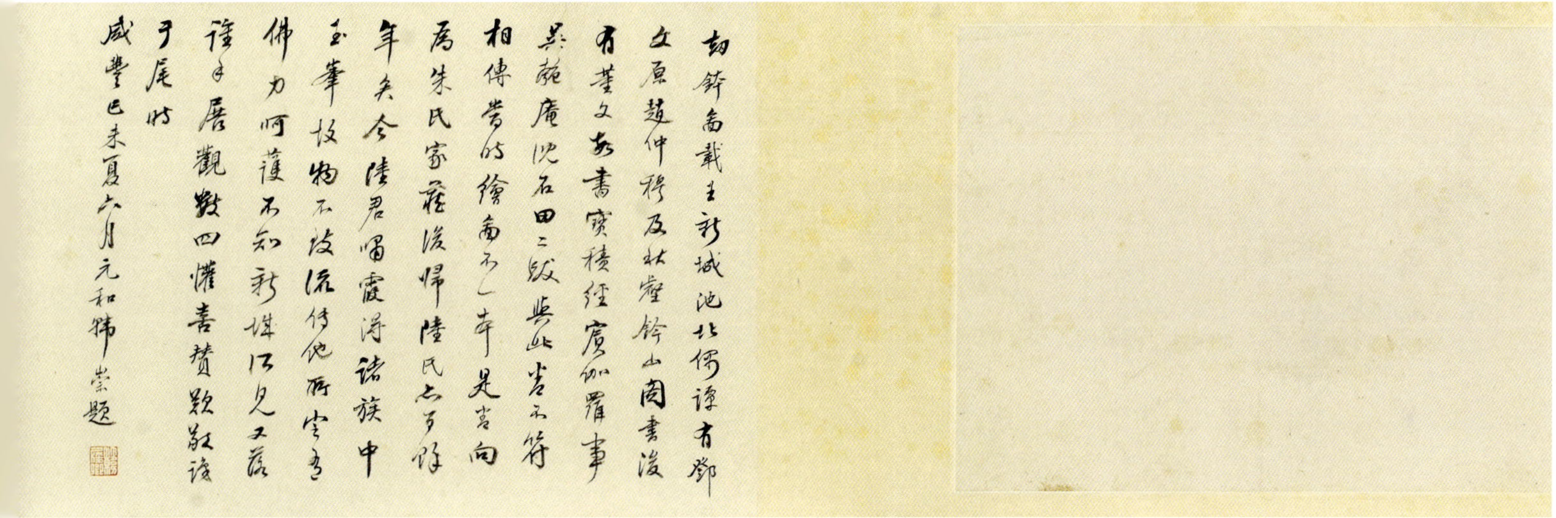

元本诚夏木垂阴图轴

纸本。墨笔。纵170.2厘米，横59.95厘米

无款识。明人吴廷羽题："夏木垂阴图。本诚师仿董北苑画，天启乙丑春日修广丈命廷羽识。"钤印："吴廷羽印""左千"。

裱边可亭署签，李啸村、黄宾虹跋。

本幅钤鉴藏印："守□平生真赏""定远方氏珍藏书画之印""筠庵审定真迹""筠庵所得"等。

此图描绘夏日山居景色，峰峦圆秀，林木葱茏，溪湾渔舟，葑草茂盛。水阁茅屋中隐士闲谈，意境闲适。笔法苍润秀挺，风格淡雅。

现藏浙江省博物馆

明谢缙
东原草堂图轴

纸本。设色。纵108.2厘米，横50厘米

款识："用嘉少陵裔也，文雅不凡，□攻诗画，知仆远归，来需俗笔，复赘鄙语云。□（永）乐戊戌岁上巳日，葵丘谢缙识。"钤印："葵丘""孔昭""淡中有味"。自题七律一首。

裱边陈遹声跋。

本幅鉴藏印："杜用嘉印""真赏""畸园秘笈""畸园珍藏""陈遹声印"。

图中岩峦高耸，松枝交柯，浓阴蔽日。草堂内高士对坐清话。此图取法王蒙，笔墨郁茂苍润。作于明永乐十六年戊戌（1418），系作者为著名画家杜琼（用嘉）所作。

现藏浙江省博物馆

萬里橋百花潭北草堂遥門
座有隣翁慰寂寥松影滿
烟繞榻颼請飈酷憐杜甫成
雄作解嘲　用嘉少陵齋也文
畫知僕遠歸来需俗筆復贅

明孙隆、陈录梅花图合卷

纸本。设色。纵29厘米，横1095厘米

画无款识。钤印："雪斋清适""大吉之印""宪章"。

王直跋款识："抑庵老人王行俭书于北京澄清坊私第之小瀛洲。正统四年十月朔日也。"钤印："泰和王直""王直行俭""抑庵""江表"。

据王直正统四年（1439）跋，孙隆、陈宪章原各为王直绘折枝梅花图二十四幅，王直录古人诗词题其上。现孙隆梅花图存四幅，陈宪章梅花图存九幅，与王直所书古人诗词并跋合裱为手卷。

此卷孙、陈二家所绘梅花笔墨劲挺苍润，疏枝浅蕊，风神绰约。王直书清俊秀逸。诗情画意，格调清新。

现藏西泠印社社务委员会

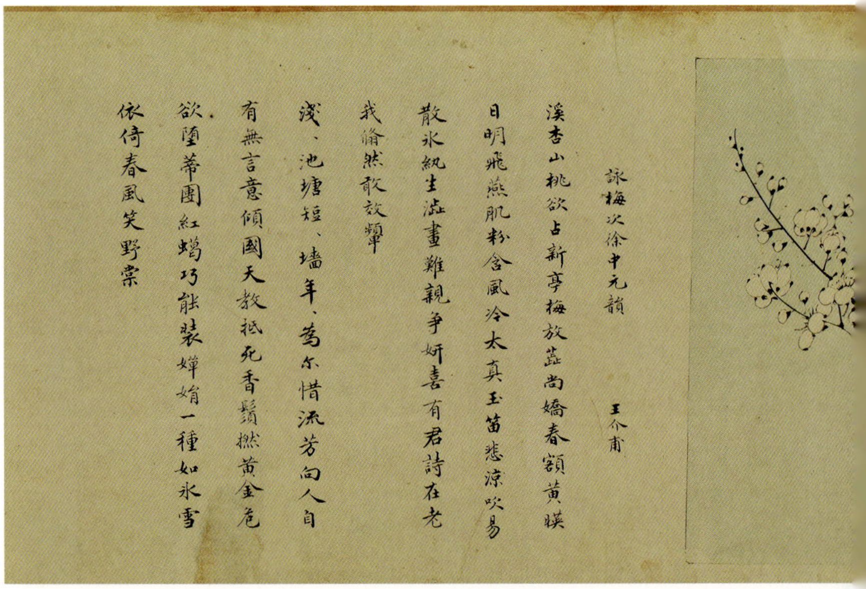

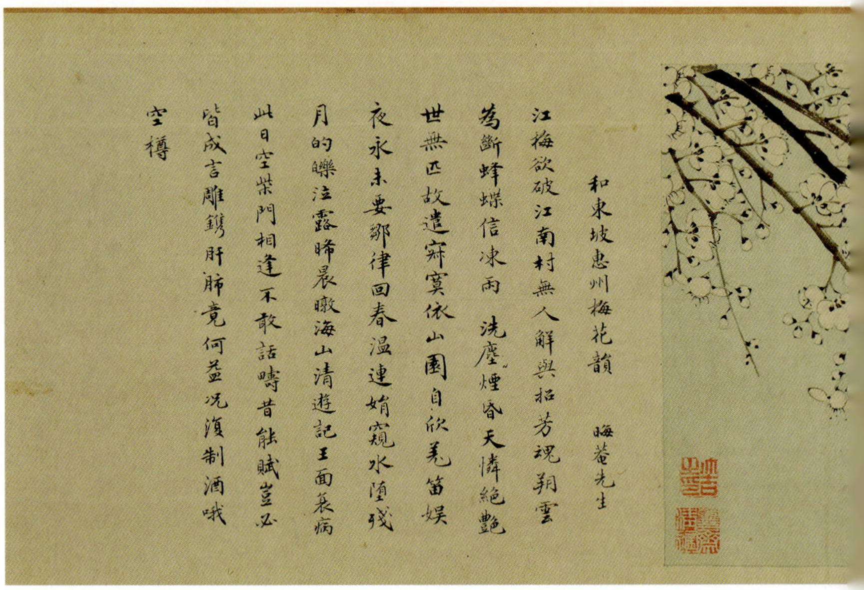

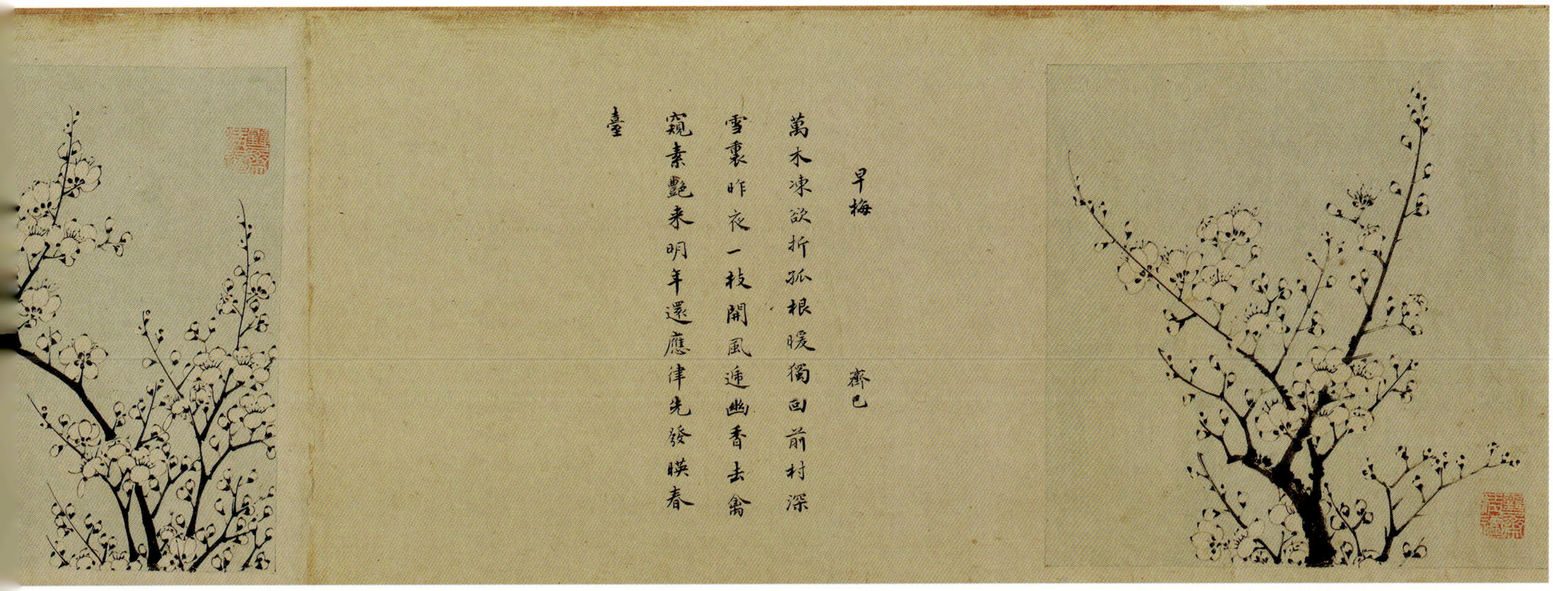
早梅
齊己
萬木凍欲折孤根暖獨回前村深
雪裏昨夜一枝開風遞幽香去禽
窺素艷来明年還應律先發暎春
臺

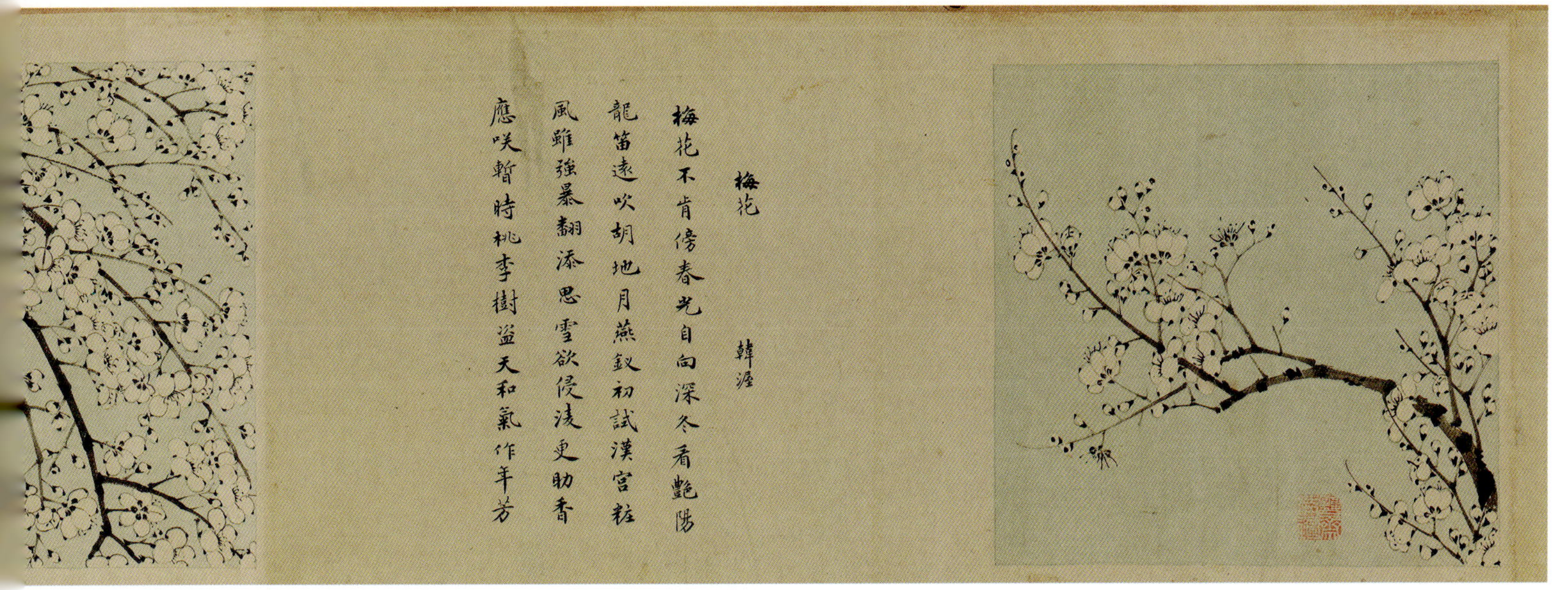
梅花
韓偓
梅花不肯傍春光自向深冬看艷陽
龍笛遠吹胡地月燕釵初試漢宮粧
風雖強暴翻添思雪欲侵淩更助香
應咲暫時桃李樹盜天和氣作年芳

念奴嬌 朱希真
見梅驚笑問經年何處收香藏
白似語如愁應怪我何苦紅塵
久客觀裏栽桃仙家種杏到處
成踈隔千林無伴澹然獨傲霜
雪 且與領掠春回孤標爭肯
惹雄蜂雌蝶不是無情知受了
多少淒涼風月寄隴程遙和羹
心在免使芳塵歇江邊日暮可
人誰共攀折

賀新郎 高觀國
月冷霜袍擁見一枝年華又晚
粉愁香凍雲隔溪橋人不渡的
皪春心未綻清影怕寒波搖動
更沒纖毫塵俗態倚高情預得
春風寵沉凍蝶掛么鳳 一杯
正要吳姬捧想柔酥弄白暗香
偷送回首羅浮今在否寐窦煙
迷華壠又爭奈桓伊三弄開徧
西湖春意爛算群花正作江山
夢吟思怯暮寒重

孤鸞
天然標格是小萼堆紅芳姿凝
白淡竚新粧淺點壽陽宮額東
君想留厚意倩年、與傳消息
昨夜前村雪裏有一枝先折
念故人何處水雲隔縱驛使相
逢難寄春色試問丹青手是怎
生描得曉來一番雨過更那堪
數聲羌笛歸去和羹未晚勸行
人休摘

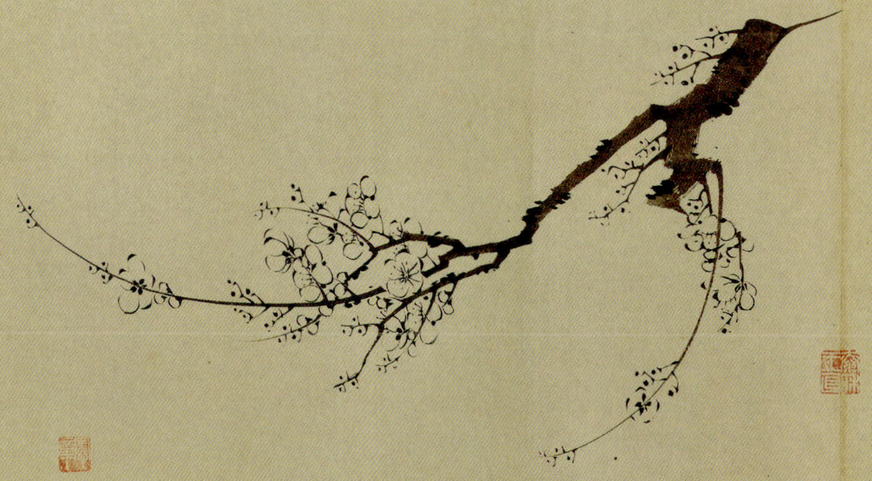

絳都春

寒陰漸曉報驛使探春南枝開
早粉蕊弄香芳臉凝酥瓊枝小
雪天分外精神好向白玉堂前
應到化工不管朱門閑也暗傳
音耗 輕渺盈、笑靨稱嬌面
愛學宮粧新巧幾度醉吟獨倚
闌干黃昏後月籠踈影橫斜照
更莫待單于吹老使須折取歸
來膽缾頓了

西江月 東坡

玉骨那愁瘴霧冰姿時有仙風
海僊時遣探芳叢倒掛綠毛幺
鳳 素面常嫌粉涴洗粧不褪
唇紅高情已逐海雲空不與梨
花同夢

阮郎歸

暗香浮動月黃昏堂前一樹新
東風何事入西隣兒家長閉門
雪肌冷玉容真香腮粉未勻
折花欲寄嶺頭人江南日暮春

玉燭新

溪源新臘後見數朶江梅剪裁
初就暈酥砌玉芳英嫩故把春
心輕漏前村昨夜想弄月黃昏
時候孤峰峭踈影橫斜濃香暗
沾衣袖 罇前付與多才問嶺
外風光故人知否壽陽謾鬬終
不似照水一枝清瘦風嬌雨秀
好亂插繁花盈首須信道羌管
無情看、又奏

孤鸞
天然標格是小萼堆紅芳姿凝
白淡竚新粧淺點壽陽宮額東
君想留厚意倩年、與傳消息
昨夜前村雪裏有一枝先折
念故人何處水雲隔縱驛使相
逢難寄春色試問丹青手是怎
生描得曉來一番雨過更那堪
數聲羌笛歸去和羹未晚勸行
人休摘

鷓鴣天
江北江南雪未消此花獨步百
花饒青枝可愛難為杏綠葉初
無不是桃 多態度之風標蕋
珠仙子醉紅潮絕憐竹外横斜
處似與鄰林慰寂寥

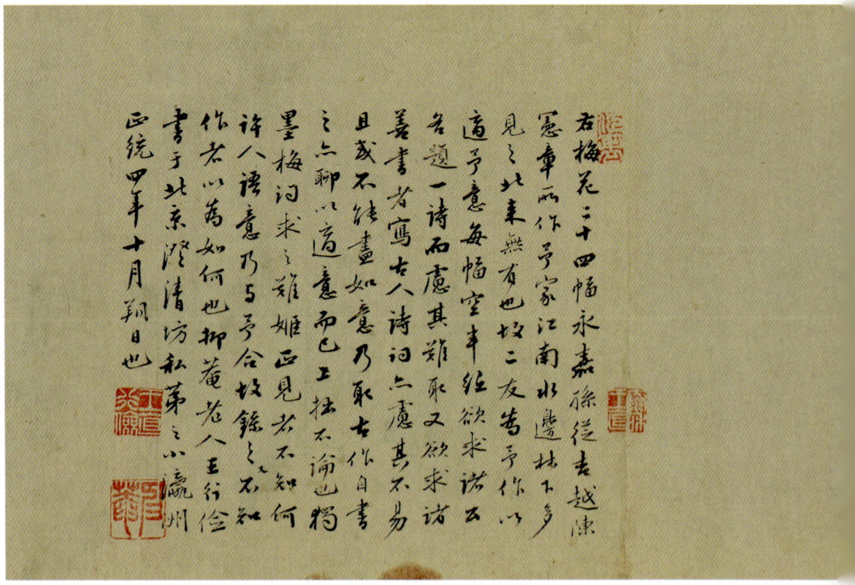
右梅花二十四幅永嘉孫從吉越陳
憲章所作予家江南水邊林下多
見之北來無有也故二友為予作以
適予意每幅空半紙欲求諸公
名題一詩而慮其難取又欲求諸
善書者寫古人詩詞亦慮其不易
且或不能盡如意乃取古作自書
之亦聊以適意而已工拙不論也獨
墨梅詞求之雖難亚見者不知何
許人語意乃與予合故錄之不知
作者以為如何也柳菴老人王行俭
書于北京澄清坊私第之小瀛州
正統四年十月朔日也

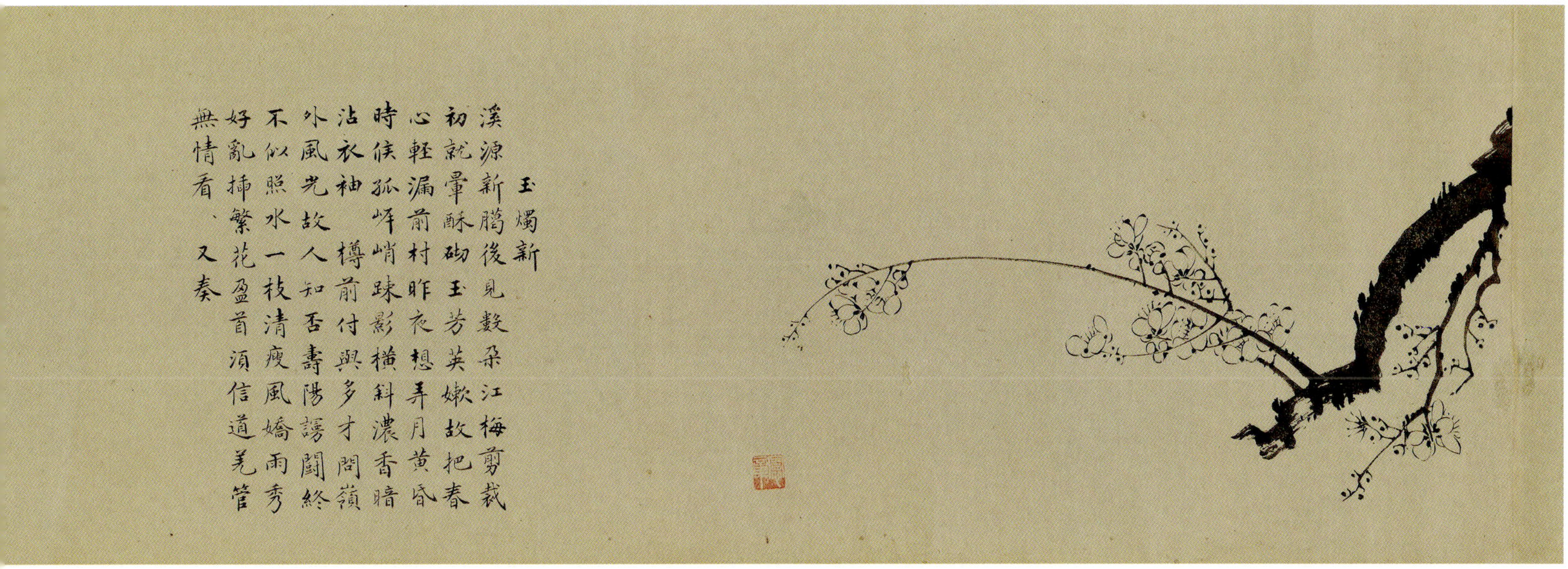
玉燭新
溪源新臘後見數朶江梅剪裁
初就暈酥砌玉芳英嫩故把春
心輕漏前村昨夜想弄月黄昏
時候孤峰峭踈影橫斜濃香暗
沾衣袖 樽前付與多才問嶺
外風光故人知否壽陽謾鬬終
不似照水一枝清瘦風嬌雨秀
好亂插繁花盈首須信道羌管
無情看、又奏

漢宮春
晁叔用
瀟灑江梅向竹梢踈處橫兩三
枝東君也不愛惜雪壓風欺無
情燕子怕春寒輕失佳期却是
有年、塞鴈歸來常見開時
清淺小溪如練問玉堂何似茅
舍踈籬傷心故人去後冷落新
詩微雲淡月對孤芳分付他誰
應自許清香未減風流不在人
知

解連環
姚正見
早梅初拆玄寘親賦與十分顏
色都不似穠李夭桃向晴日暖
風鬬紅誇白染黛堆鴉信元是
出羣標格嘆吳娃越豔皓齒絳
唇粧解傾國 還將古人暗索
有鍾離醜女才行難得細想當
日徽音比妖冶迷人相去千百
冷蕋幽香好愛護休教輕摘看

明沈周湖山佳趣图卷

纸本。设色。纵31.7厘米，横821厘米

款识：“顷年自杭游回，梦寐未尝不在紫翠间也。晴窗笔墨便手，即东涂西抹与山水传神，成卷即为朋友携去。此卷偶在书笥，藏之久矣，今日检出，漫识如此。成化乙巳沈周。”钤印：“启南”“石田”。

本幅钤鉴藏印：“醒子游戏”“徐忠私印”“徐忠鉴定真迹”“朱氏藏书画记”“学圃斋图书记”“海昌钱镜塘藏”“钱氏数青草堂收藏印”等。

此图忆写西湖秀丽景色，湖面开阔，山脉逶迤。取法吴镇，笔墨粗健润泽，苍劲凝重。作于明成化乙巳（1485），沈周五十九岁。

现藏浙江省博物馆

頃年自杭遊回夢寐未嘗
不在紫翠間也精窗筆墨
便手即來揮西拂與山水
傳神此卷即爲朋友携、
去此卷偶在書笥藏之
久矣今日檢出漫識如此
成化乙巳沈周

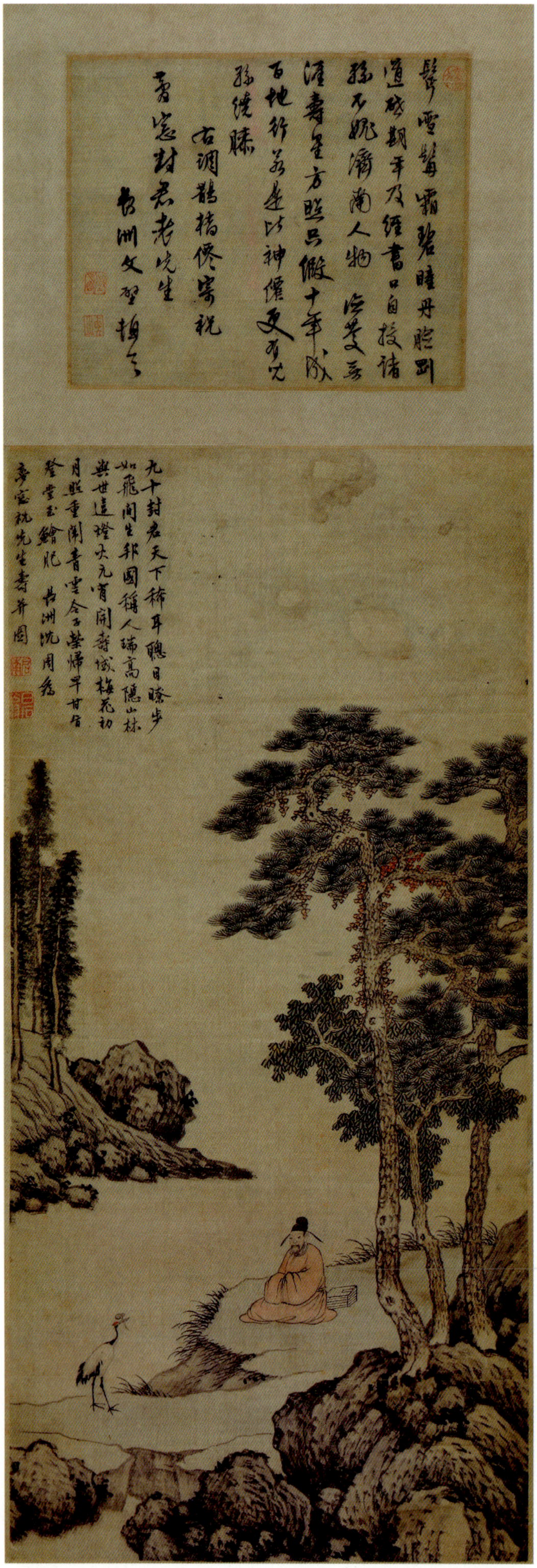

明沈周为祝淇作芝仙祝寿图轴

绢本。设色。纵103.6厘米，横49.6厘米

款识：“长洲沈周为梦窗祝先生寿并图。”钤印：“启南”“白石翁”。

诗堂有文徵明为祝淇题《鹊仙桥》贺词。

此图为沈周贺海宁祝淇九十寿辰而作，并题七律一首。图中祝淇头带乌纱帽，身着红袍，笼袖盘坐于松下，仙鹤口衔灵芝献寿。山石用笔苍劲老辣，气势雄强。

现藏浙江省博物馆

明何澄溪山雨霁图轴

绢本。墨笔。纵132.8厘米，横60.5厘米

款识：“竹鹤老人写。”钤印：“何澄之章”“游戏翰墨”。

钤鉴藏印：“朱别宥收藏记”“天一阁”。

图绘雨后峰峦叠嶂，烟雾弥漫，溪流板桥，疏树茅屋，小舟系岸。构图简率，笔墨苍劲。

现藏宁波市天一阁博物院

明林良双鹰图轴

绢本。墨笔。纵129.4厘米，横75.9厘米

款识："林良。"钤印："以善图书"。

图中双鹰目光犀利，神态冷峻，老树桠杈，营造秋风肃杀、落叶飘零的意境。用笔劲健豪爽，粗简泼辣。

现藏浙江省博物馆

明张路
松下步月图轴

绢本。墨笔。纵120.8厘米，横61.5厘米

款识：“平山。”钤印：“张路印”。

钤收藏印：“天一阁”。

图中石壁峭立，松阴斑驳，一轮圆月高悬，松下文士笼袖步月。人物面部细笔勾勒，衣纹用笔劲利洒脱，构图简洁，水墨苍劲。

现藏宁波市天一阁博物院

明朱朴寻僧访隐图轴

绢本。墨笔。纵124厘米，横34厘米

款识："西村八十五翁朱朴画并题。""己酉。"钤印："西村""村古居""村翁""元素"。自题七绝一首。

梁同书题跋。

钤鉴藏印："娱老书巢乐饥之品""瓜圃"。

此图描写寻僧访隐情景，图中山峰高耸，苍松挺立，萧寺掩映于丛林，溪涧木桥上高士相遇。笔墨苍莽，纵横自如。

朱朴生卒年史载未详，此图署年"己酉"，即明嘉靖二十八年（1549），又自署"八十五翁"，则朱朴当生于明成化元年（1465）。

现藏海盐县博物馆

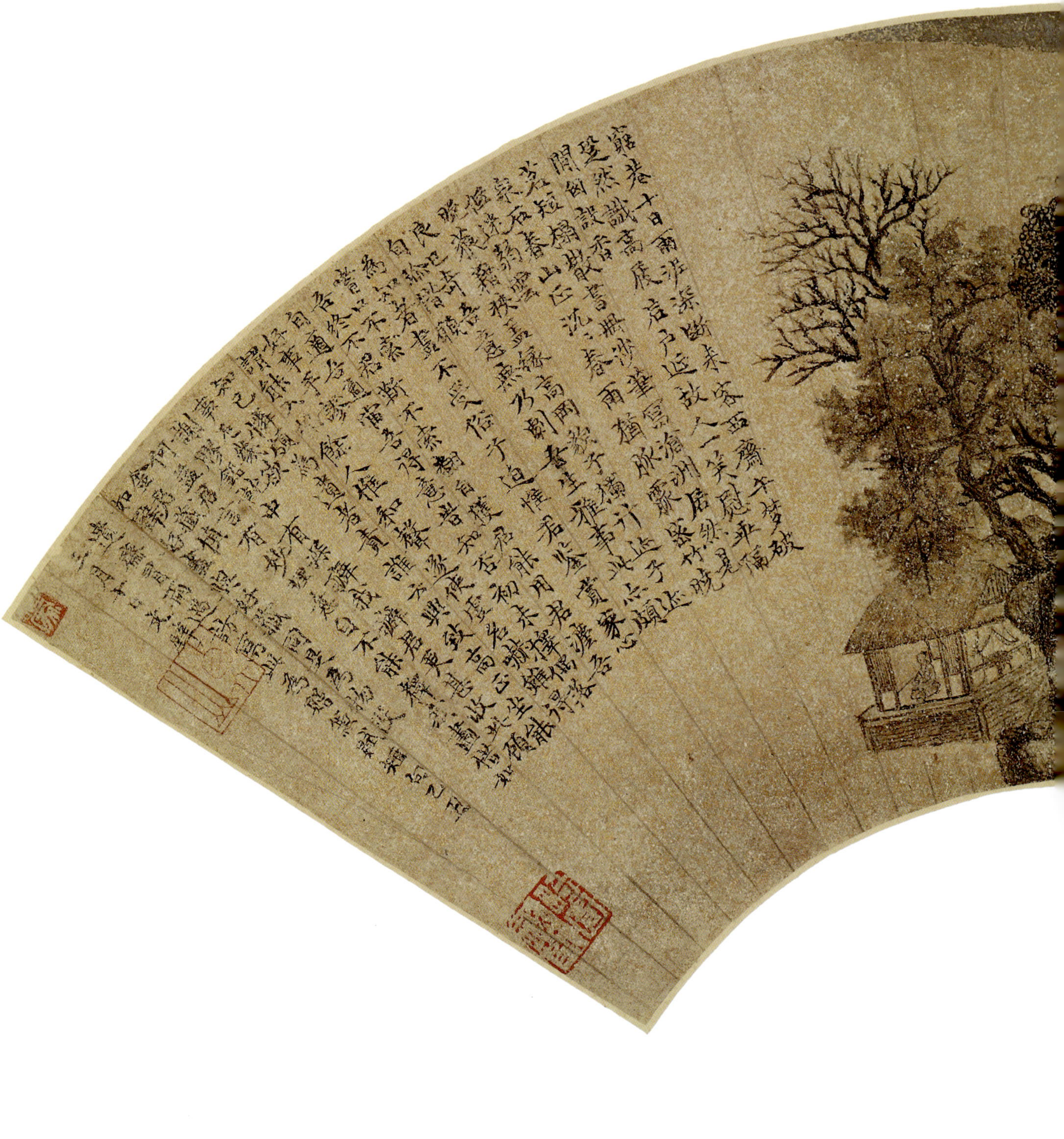

明文徵明雨中访友图扇页

金笺。墨笔。纵18厘米，横50.8厘米

款识："遗斋冒雨过访，写此为赠，兼赋短句。乙丑三月十日。文璧。"钤印："衡山"。自题五古一首《题画赠许国用》。

钤鉴藏印："蒙""真赏""遹声私印""畸园秘笈"。

图绘湖中岛屿，丛树葱郁，琅玕邃密，其下水阁临湖，中有高士闲坐，一人持伞雨中访友，向水阁徐徐而来。画面布景巧妙，笔致细密秀润。此图作于"乙丑"，即明弘治十八年（1505），文徵明三十六岁。

现藏湖州市博物馆

明文徵明万壑争流图扇页

金笺。设色。纵17.8厘米，横51.3厘米

款识："甲寅十月廿日徵明制，时年八十有五。"钤印："徵明"。

图中千岩万壑，林深谷幽，屋宇错落其间，近处苍松挺拔，三五高士或坐或立，行吟其间，享山林之乐。笔法清劲，布局繁密。

现藏宁波市天一阁博物院

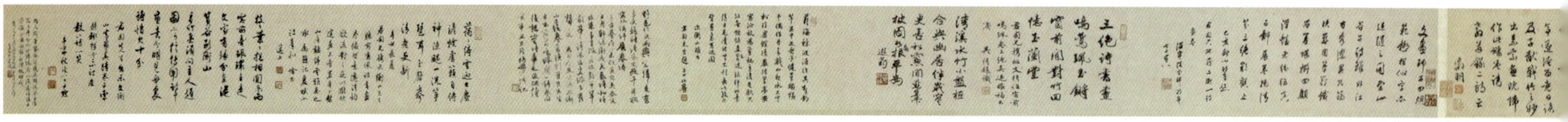

明文徵明窗前鸣珮图卷

绢本。设色。纵18.5厘米，横118.5厘米

款识："辛卯七月。徵明。"钤印："徵明"。

自题引首："窗前鸣珮。徵明。"钤印："文徵明印""衡山"。

图后另纸文徵明书自作诗二首《处竹为清夫赋》《西斋种竹》。款识："偶过子重汤君园亭，遂淹留竟日，谈及子猷栽竹之妙，出素索画，既归，作此矮卷请教，并录二诗云。徵明。"钤印："文徵明印""衡山"。

卷后有近现代张宗祥、吴湖帆、叶恭绰、潘伯鹰、陆俨少、沈迈士、沈尹默、白蕉题跋。

画本幅钤鉴藏印："赏玩""栖尘""栩人过目""煦斋新购""晋叟图书""一字槌子""庚申君匋重得""与君一别十三年"。

图绘友人汤子重园亭，陂陀岗埠，板桥茅屋，松竹杂树疏秀，高士或策杖漫步，或坐读诗书，布局清旷疏朗，笔法苍秀。作于明嘉靖十年辛卯（1531），时文徵明六十二岁。

现藏君匋艺术院

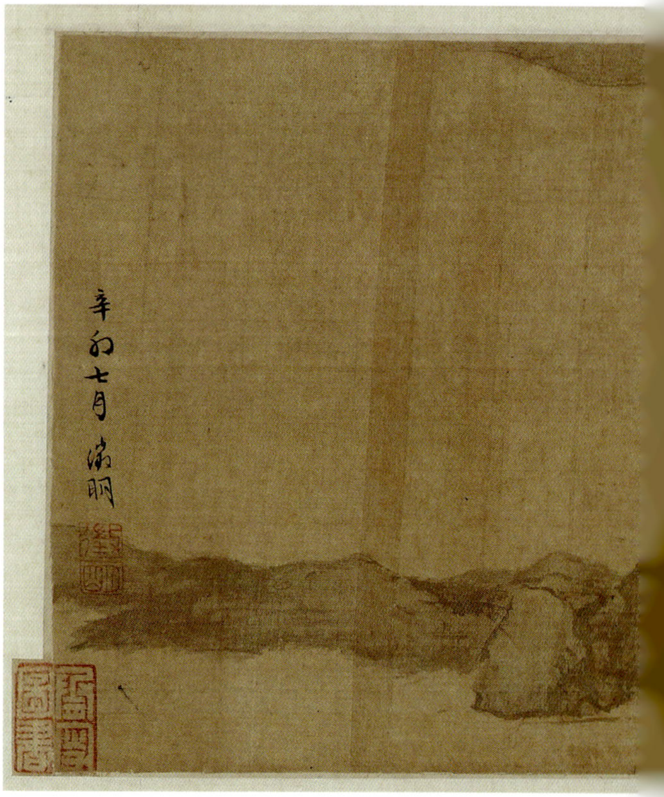

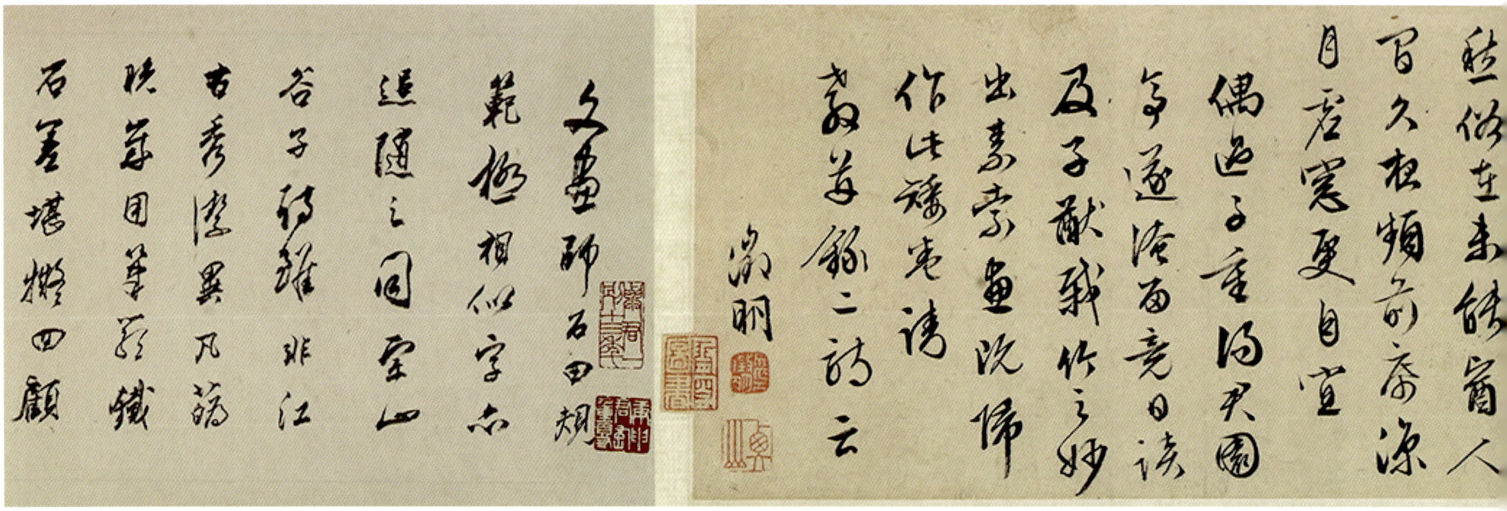

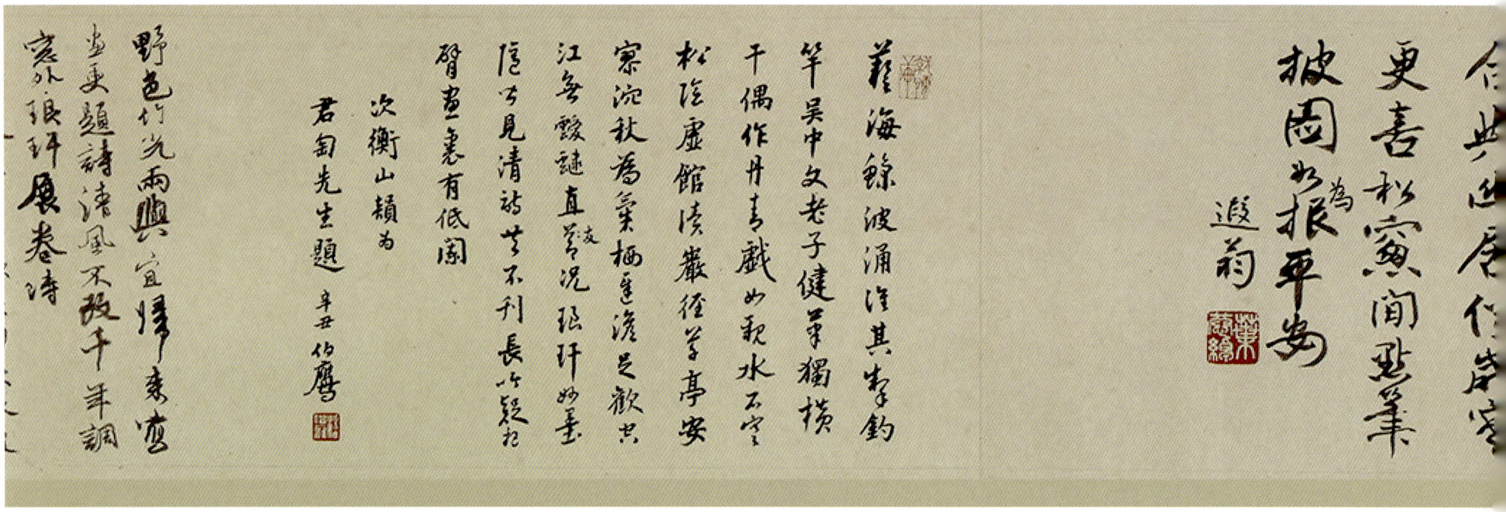

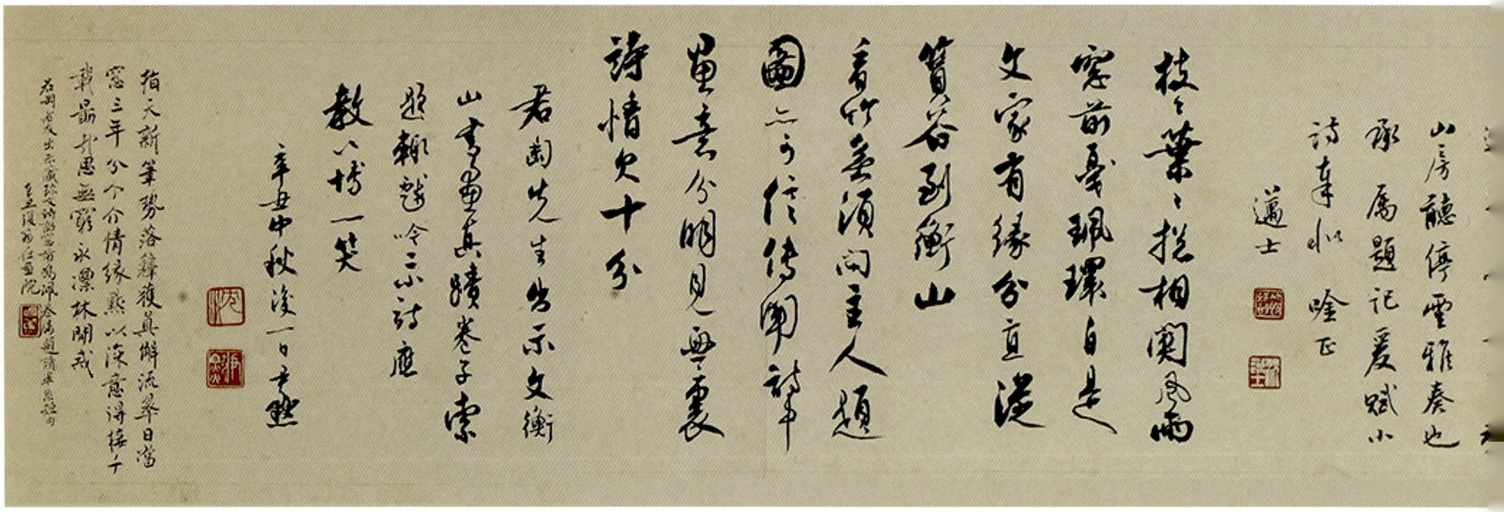

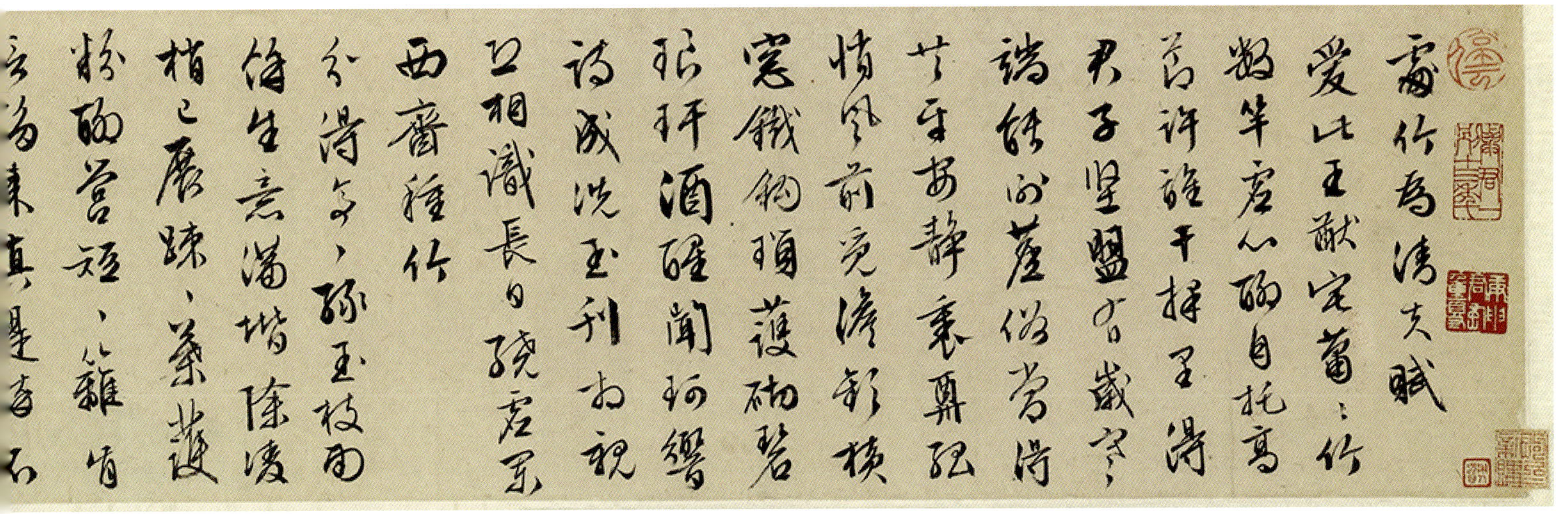

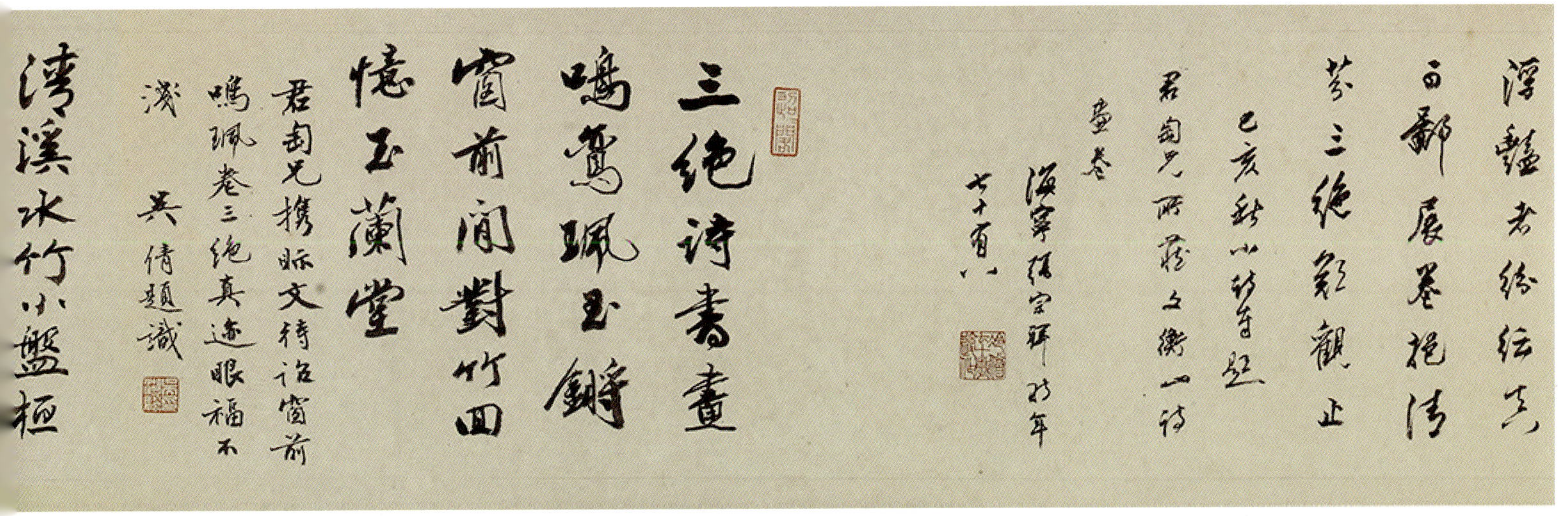
三絶詩書畫
鳴鸞珮玉鏘
窗前閒對竹四
憶玉蘭堂
君甸兄携眎文待詔窗前
鳴珮卷三絶真迹眼福不
淺 吳倩題識

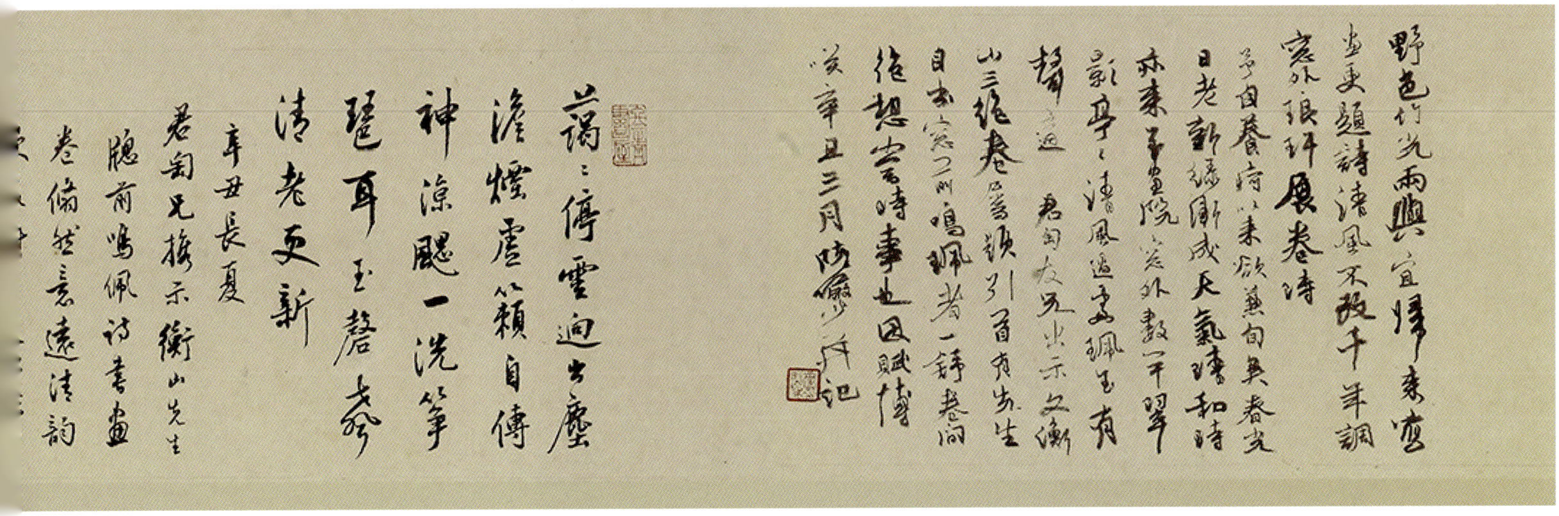

明吕纪
梅竹山禽图轴

绢本。设色。纵183厘米，横97.8厘米

款识："四明吕纪。" 钤印："四明吕廷振印"。

图中山涧溪流，古梅、山茶绽放，锦鸡、鸟雀栖息其上，营造一派大雪初霁的早春景象。画法精工富丽与简练粗放相间，笔墨苍劲，设色古艳，体现了明代院体画派的典型风貌。

现藏浙江省博物馆

明佚名
猴子枇杷图轴

绢本。设色。纵159厘米，横91.8厘米

无款识。

钤鉴藏印：“子京”“项墨林父秘笈之印”。

图中枇杷硕果累累，猴子蹲坐回首，似与枝叶间鸟雀对望。猴子描绘细腻工致，坡石则以水墨粗笔皴斫，笔墨苍劲润泽。画面富丽与豪放并存。

现藏浙江省博物馆

明汪肇芦雁图轴

绢本。墨笔。纵185厘米，横101.8厘米

款识："海云德初。"

钤鉴藏印："陈氏仁趾""颍川郡图书印""立三""陈抱之审定书画印"。

图绘芦荡中一群大雁，或栖息，或俯首展翅飞翔，上下呼应，动态传神。以大斧劈皴绘山石，芦苇、水草则用笔草草，笔墨苍劲淋漓，粗简豪放。

现藏浙江省博物馆

明彭舜卿
松亭远眺图轴

绢本。设色。纵173厘米，横106厘米

款识：“素仙。”

图中山岩壁立陡峭，古松屈曲，丛竹摇翠，茅亭中高士独坐远眺，远处青山一抹。笔法简洁，雄劲粗放。

现藏西泠印社社务委员会

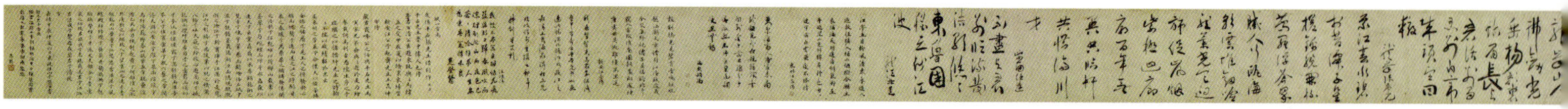

明檀芝瑞瓯江送别图卷

纸本。墨笔。纵28.4厘米，横117.6厘米

款识："一山。"钤印："檀芝瑞印"。

卷后另纸有高友玑、楚登鳌、贺喜、易轩等跋。

据卷后嘉靖二十三年甲辰（1544）贺喜跋，此图绘武阳（山东莘县）张平石随父宦游东瓯（温州）"以修业东归"，友朋作画赋诗为之送别情景。图中江面薄雾烟岚，岸边树下主客话别，画笔苍劲简率。

现藏温州博物馆

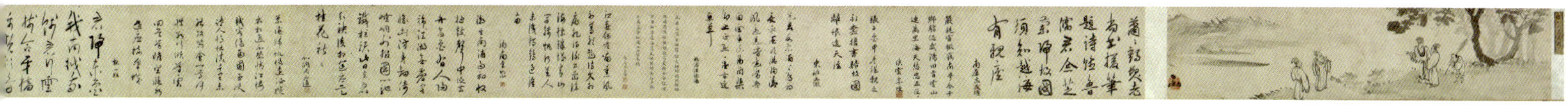

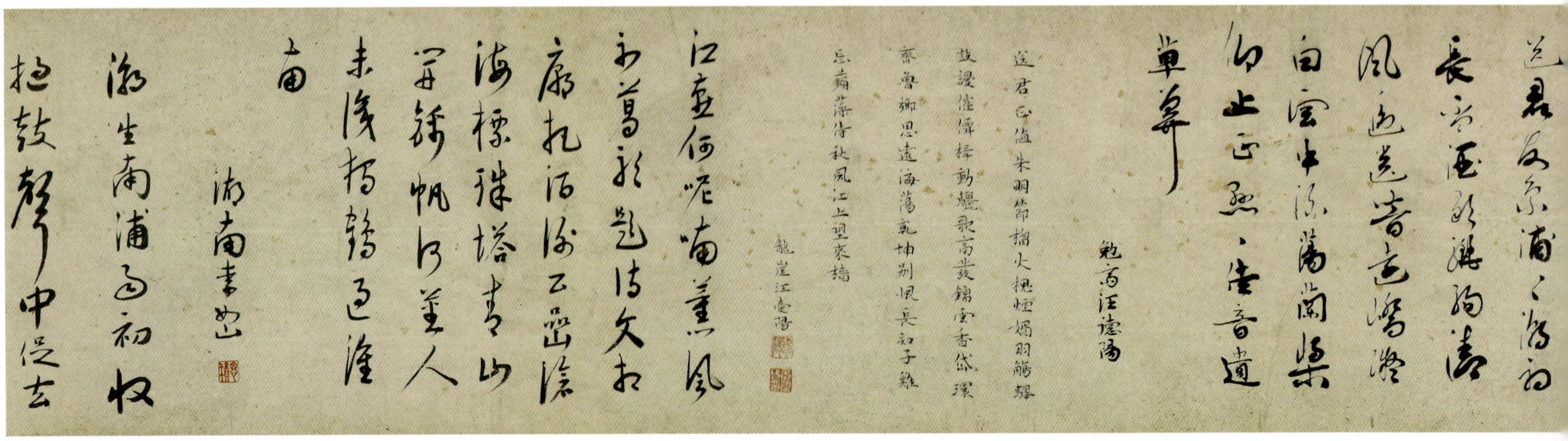

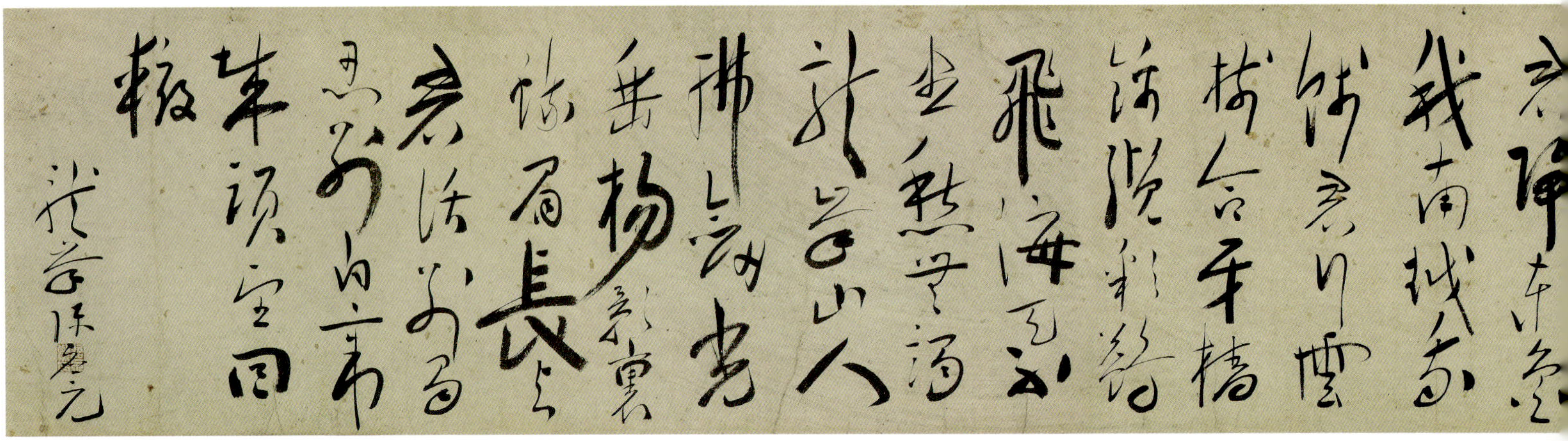

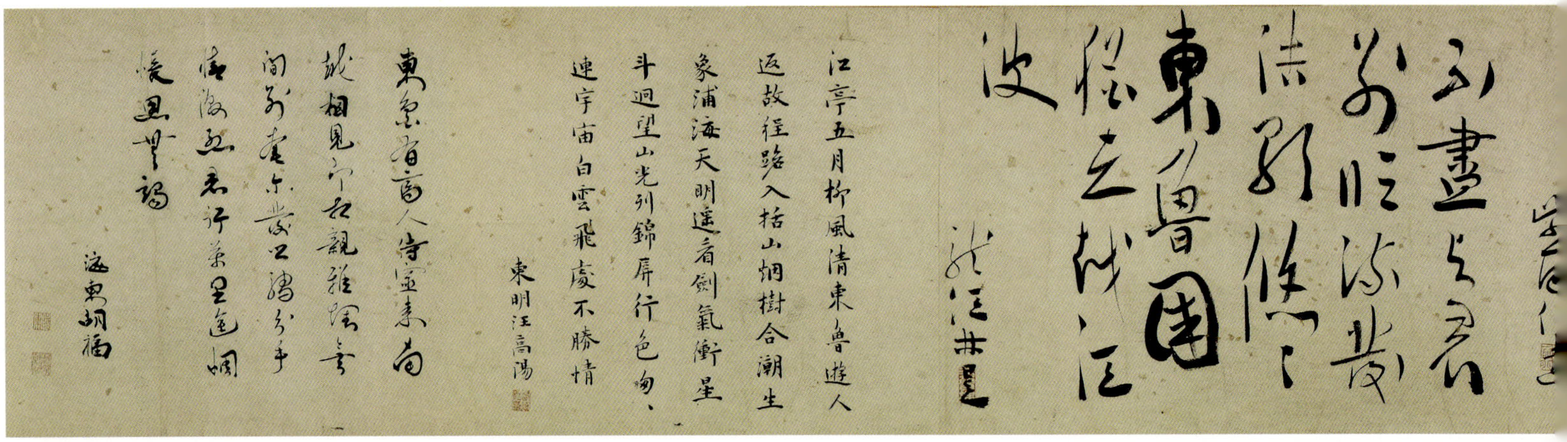

江亭五月柳風清東魯遊人
返故程路入栝山烟樹合潮生
象浦海天明遥看劍氣衝星
斗迴望山光列錦屏行色匆匆
連宇宙白雲飛處不勝情
東明汪高陽

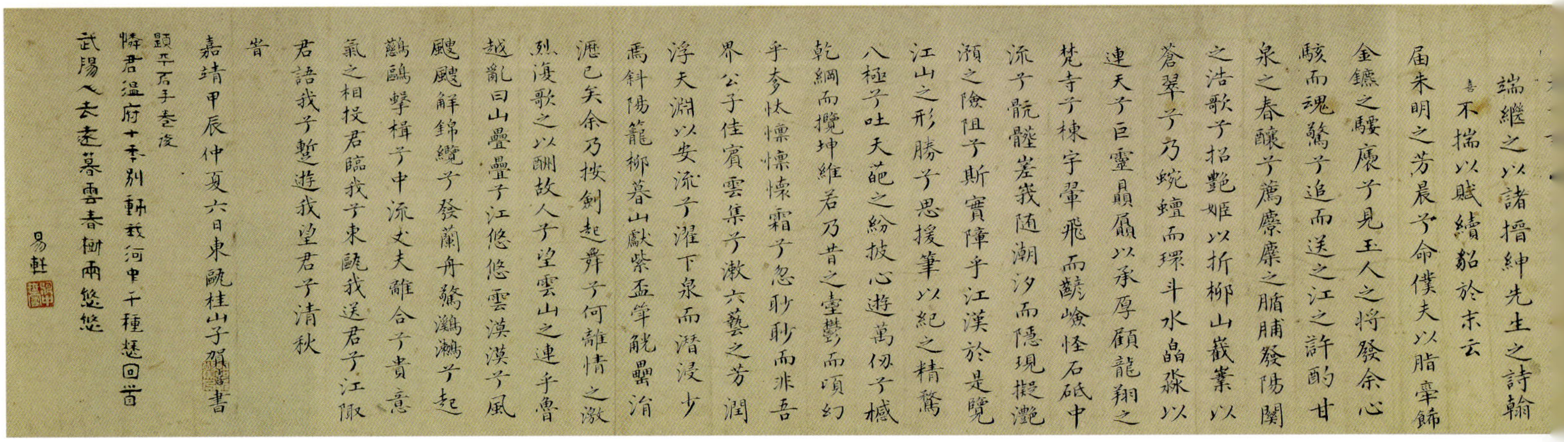

端繼之以諸搢紳先生之詩翰
不揣以賦續貂於末云
届朱明之芳晨兮命僕夫以脂牽飾
金鑣之騕褭兮見玉人之將發余心
駭而魂驚兮追而送之江之滸酌甘
泉之春釀兮薦麋鏖之腤腩發陽關
之浩歌兮招艷姬以折柳山巖業以
蒼翠兮乃蜿蟺而琛斗水晶淼以
連天兮巨靈贔屭以承厚顧龍翔之
梵寺兮棟宇翬飛而巇嶮怪石砥中
流兮髑髏嵳峩隨潮汐而隱現擬灩
澦之險阻兮斯實障乎江漢於是覽
江山之形勝兮思援筆以紀之精騖
八極兮吐天葩之紛披心遊萬仞兮槭
乾綱而攬坤維若乃昔之壼鬱而頃幻
乎亥怵懍懍懍霜兮忽耖耖而非吾
界公子佳賓雲集兮漱六藝之芳潤
浮天淵以安流兮濯下泉而潛浸步
焉斜陽籠柳暮山獻紫盃斝觥罍湑
湎已矣余乃按劍起舞兮何離情之激
烈復歌之以酬故人兮望雲山之連乎魯
越亂曰山疊疊兮江悠悠雲漠漠兮風
飀飀解錦纜兮發蘭舟鶖鸂鶒兮起
鶺鴒擊楫兮中流丈夫離合兮貴意
氣之相投君臨我兮東甌我送君兮江
君語我兮整遊我望君兮清秋
嘉靖甲辰仲夏六日東甌桂山子賀書
題平石手卷後
憐君温府十年別，轉栽河中千種楂。回首
武陽人去遠，暮雲春樹兩悠悠。
易軒

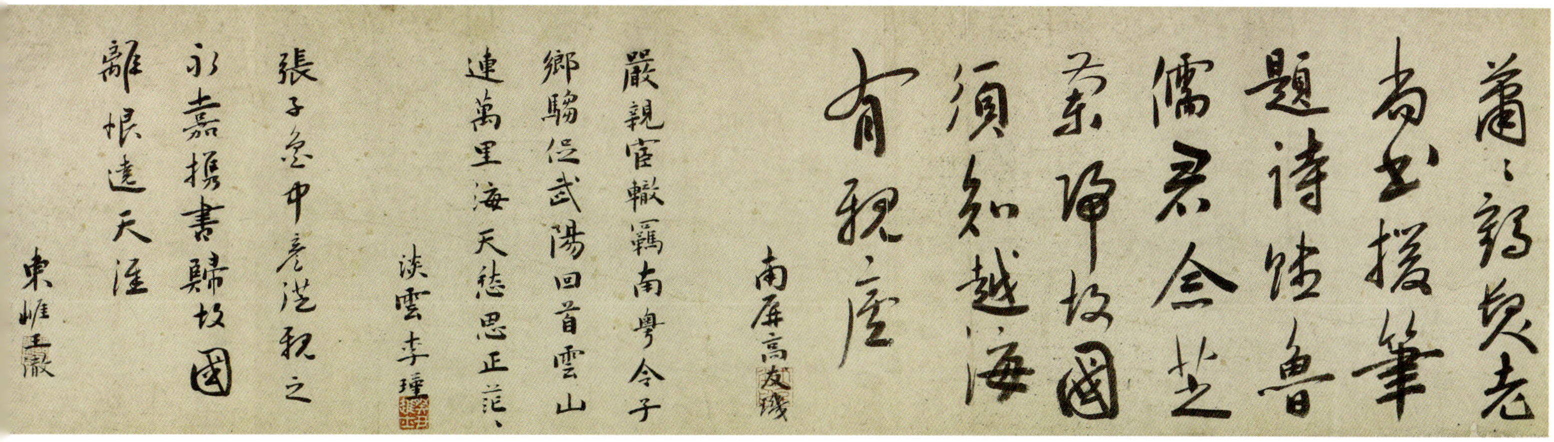
嚴親宦轍羈南粵令子
鄉騎促武陽回首雲山
連萬里海天愁思正茫茫
淡雲李瑾

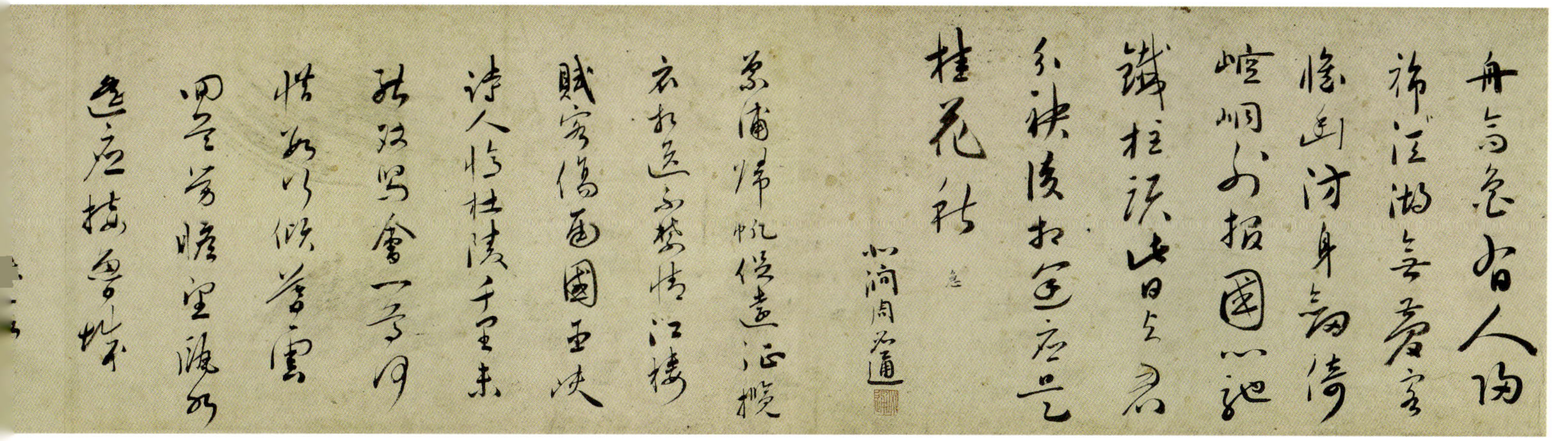

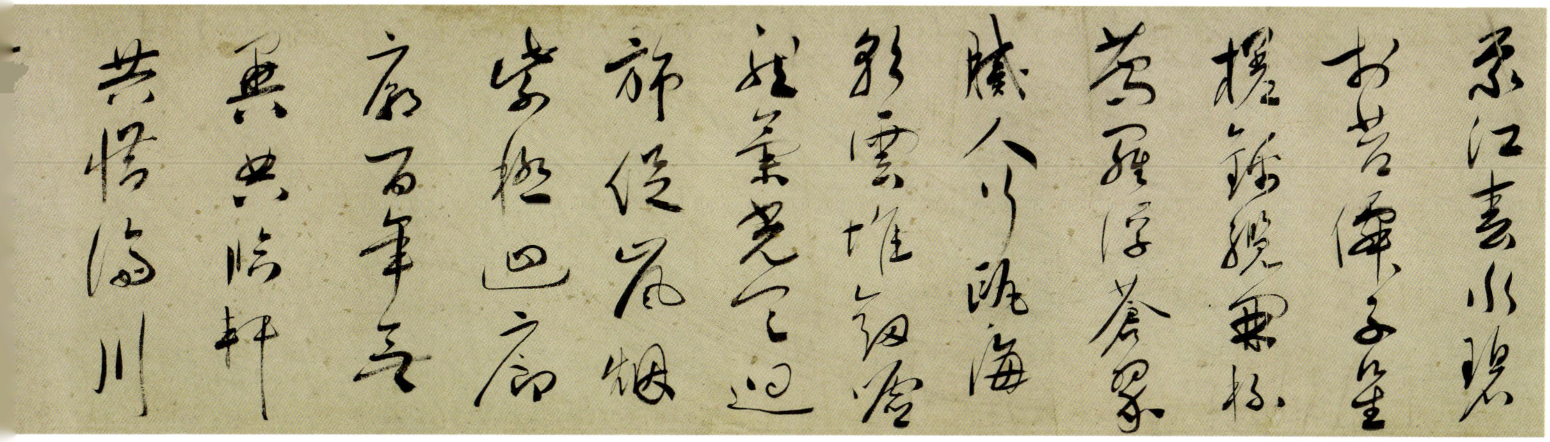

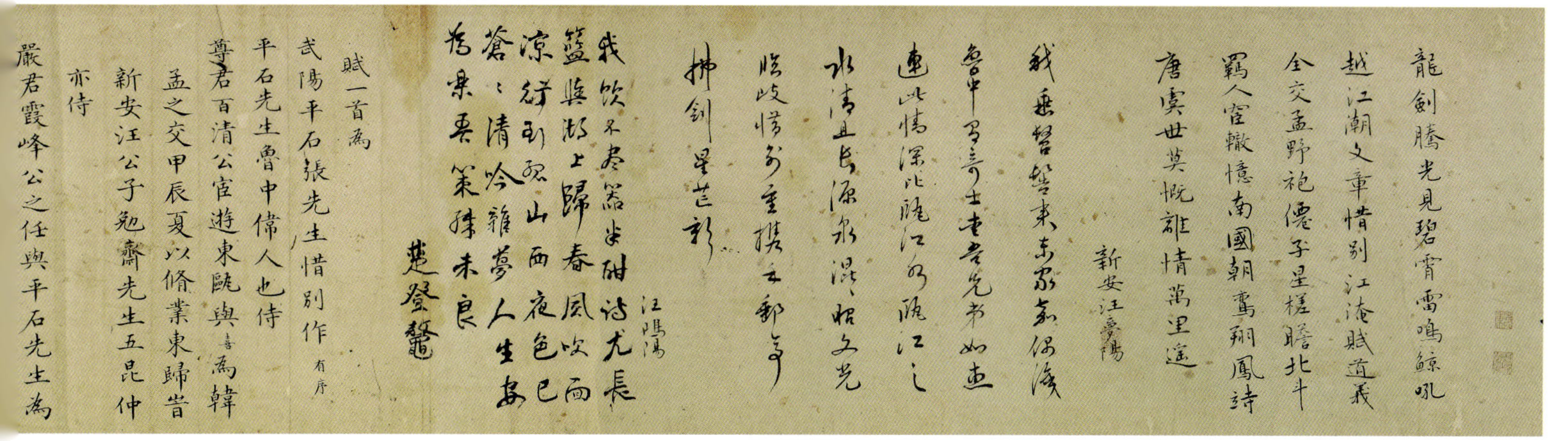
龍劍騰光見碧霄雷鳴鯨吼
越江潮文章惜別江淹賦道義
全交孟野袍僊子星槎臨北斗
羈人宦轍憶南國朝鸞翔鳳詩
唐虞世莫慨離情萬里遙
新安汪夢陽
賦一首爲
武陽平石張先生惜別作 有序
平石先生魯中偉人也侍
尊君百清公宦遊東甌與喜爲韓
孟之交甲辰夏以脩業東歸旹
新安汪公子勉齋先生五昆仲
亦侍
嚴君霞峰公之任與平石先生爲

明陈子和苏武牧羊图轴

绢本。设色。纵148.5厘米，横101.5厘米

款识：“七十二叟洒仙陈子和写。”钤印：“浦城陈洒仙印”。

此图描绘苏武北海雪地牧羊情景，画中荒草老树，寒气逼人。苏武斜视寒柯，扶节佩刀，神态凝重。用笔纵横简劲。

现藏嵊州市文物保护中心

明王俭壶天洞乐图卷

绢本。墨笔。纵31.2厘米，横672.2厘米

款识："会稽雪松王俭为龙田何先生写壶天洞乐图一览。"钤印："王俭"。

图绘洞天仙乡，老幼众人醉饮欢娱场景，人物表情丰富，神态夸张。用笔苍劲淋漓，线条劲硬，曲折顿挫。

现藏浙江省博物馆

會稽雪松王俭為
龍田何先生寫壹天洞樂圖一覧

明佚名
彩绘孔雀明王像轴

纸本。设色。纵147.6厘米，横71厘米

无款识。

图中下方有题记二则：

“本县积善乡十五都东塔庙界奉佛信女钟氏、夫主胡钦舍银六钱妆佛像一轴。所冀身安寿永，福长灾消，夫偕妻偕老，子女团圆。嘉靖十年又六月　日谨题。”

“杭州府钱塘县南壁坊一图。信人徐凤年六十五岁，六月初九日亥时生，同妻潘氏年五十四岁，十月十一日巳时生。舍财重裱，所冀夫妻偕老，子女团圆，凡有祈求，悉希如意者。万历四十一年九月　日谨题。”

此图为明嘉靖十年（1531）民间画师所作，明王呈三面六臂相，供养人侍立两侧，神态庄严。笔法圆劲细致，敷色浓重华丽。原存桐乡崇福寺，为民间信众祈福消灾所供奉。

现藏桐乡市博物馆

明陈淳春山云树图轴

纸本。墨笔。纵274.6厘米，横96厘米

款识：“云向山中宿，泉从云外来。相看情自适，未许俗人猜。甲辰春日作于白阳山居。道复。”钤印：“陈氏道复”“复之印”。

朱鼎煦题跋。钤鉴藏印：“朱别宥收藏记”。

图中树枝摇曳，村舍掩映迷离，远峰耸立，云烟缭绕。笔墨淋漓疏爽。作于明嘉靖二十三年甲辰（1544），陈淳即于是年去世。

现藏宁波市天一阁博物院

明陈淳葵石海棠图轴

绢本。设色。纵139.8厘米，横66.9厘米

款识："素质倚秋风，向人浑欲语。春花莫相笑，丹心自能许。道复。"钤印："复父氏""白阳山人"。

钤鉴藏印："暂在临川李筠闇处""天一阁"等。

图绘湖石、秋葵及数茎海棠。笔墨简劲疏宕，设色淡雅。

现藏宁波市天一阁博物院

明谢时臣石梁秋霁图轴

绢本。墨笔。纵177.5厘米，横72.9厘米

款识："石梁秋霁，天台真胜。谢时臣写。"

钤印："樗仙""姑苏台下逸人"。

钤鉴藏印："别宥斋收藏记"。

此图绘高士观天台山石梁飞瀑胜景，山石曲叠，古刹错落，高树虬枝，石梁飞架，瀑布倾泻而下，迸珠溅玉，气势恢宏。构图繁复，笔法苍厚老健，气势雄伟。

现藏宁波市天一阁博物院

明沈仕四季花卉图卷

绢本。设色。纵24.6厘米，横430厘米

款识：“嘉靖庚戌仲冬望，青门山人沈仕漫写。”钤印：“沈氏懋学”“青门山人 ”。

余绍宋跋。钤鉴藏印：“越园审定”。

此图以一花半叶折枝形态，将四季花卉集于一卷，上下俯仰，左右穿插，逸笔草草而不失写生之趣。笔法简练疏放，设色清淳。作于明嘉靖二十九年（1550），共分十段，分段自题诗句。

现藏浙江省博物馆

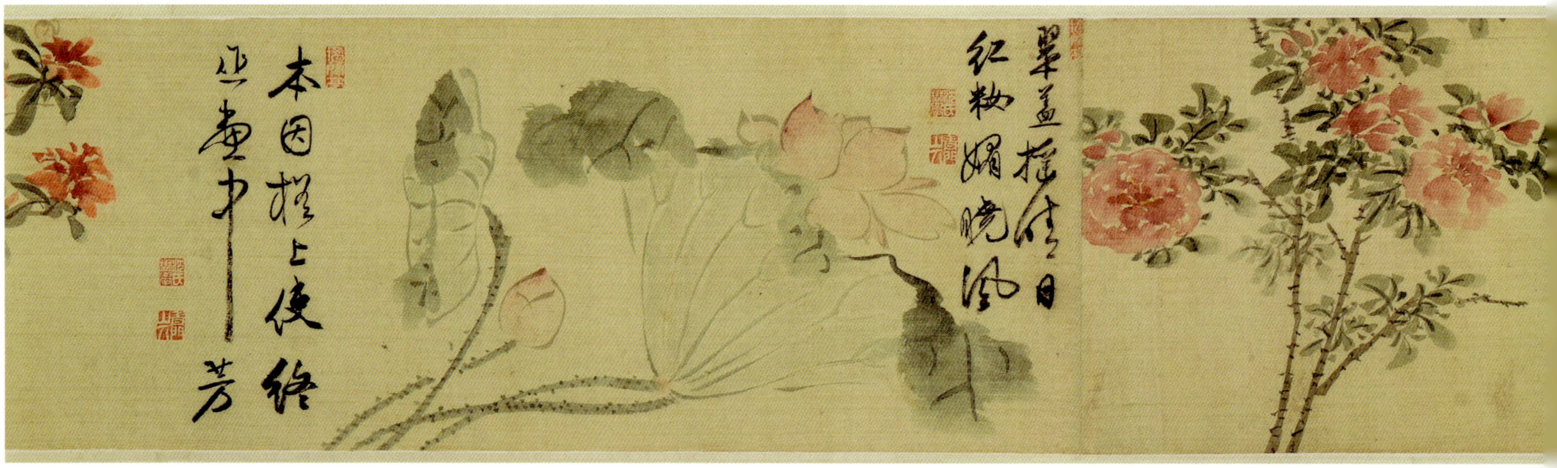

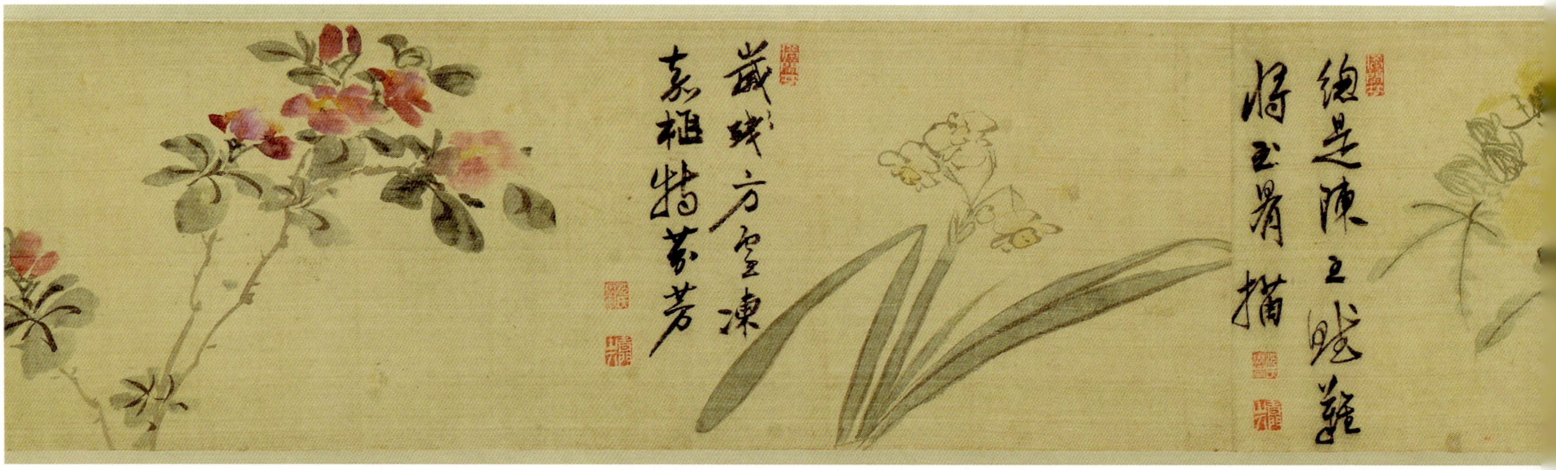

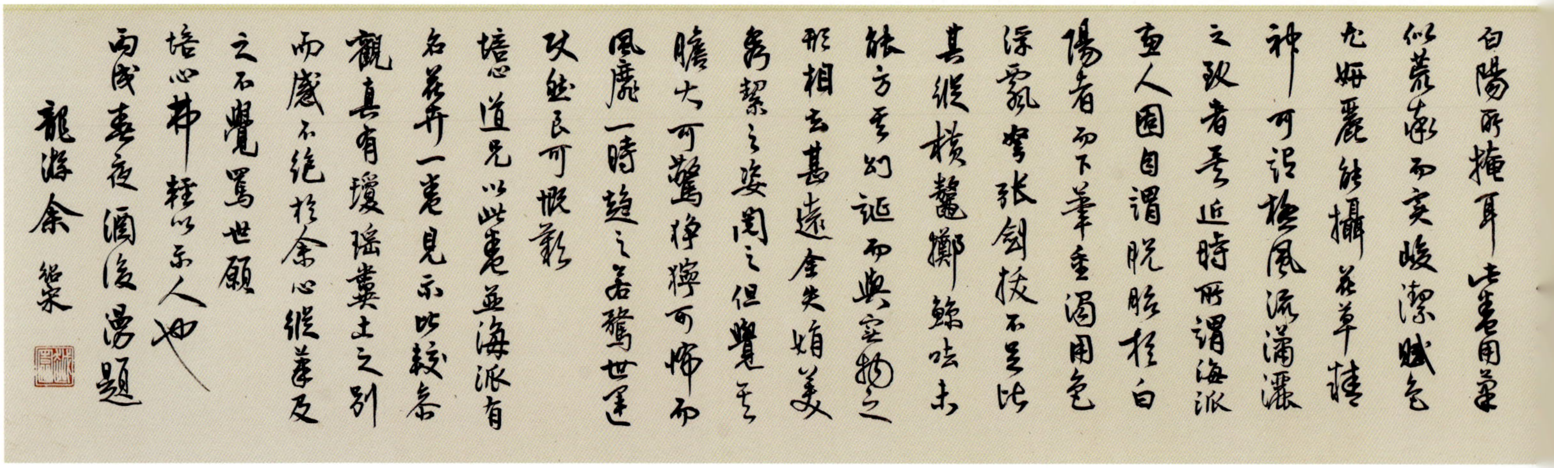

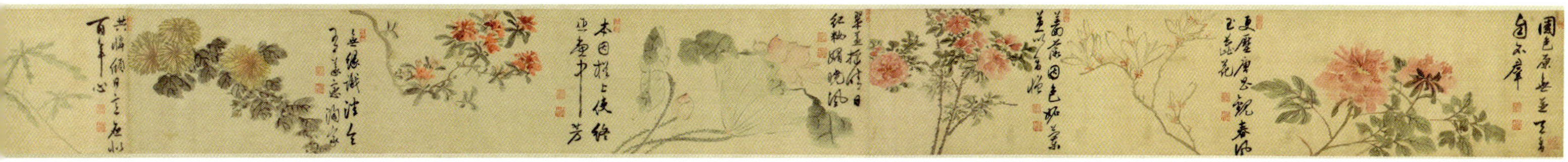

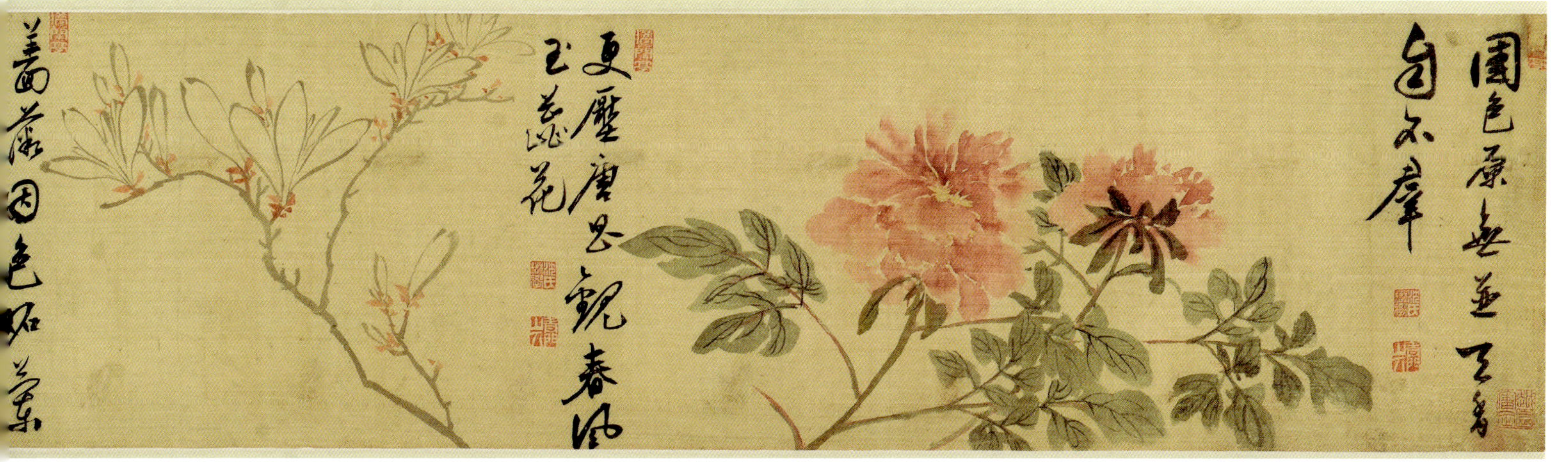

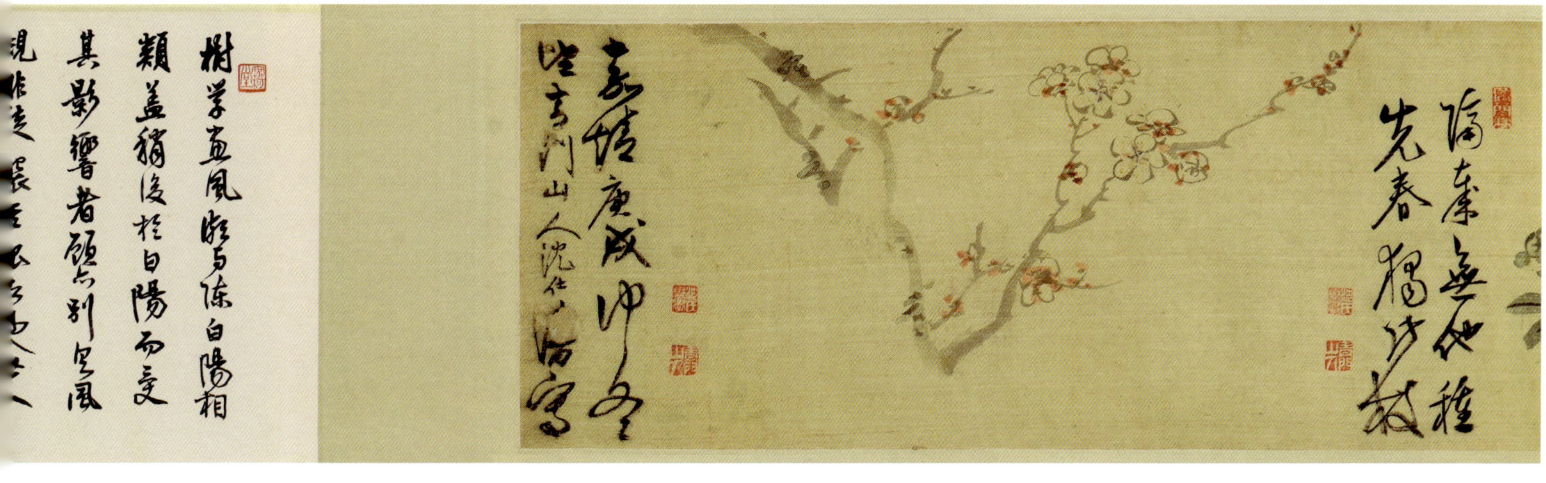

明文嘉后赤壁赋图扇页

金笺。纵15.3厘米，横46.5厘米

款识："茂苑文嘉画并书。"钤印："文休承氏"。小楷自题苏轼《赤壁赋》。

钤鉴藏印："别宥斋""朱鼎煦印"等。

图绘苏轼《赤壁赋》故事，图中平岗巨岩，古树茅堂，山中木叶疏脱，秋气肃杀。笔法劲爽清润。

现藏宁波市天一阁博物院

明陈焕蜀道图卷

纸本。设色。纵35厘米，横270厘米

款识："吴郡陈焕写。"钤印："陈焕印""尧峰山人"。

前后裱边褚传诰、汤国琛、庞镜塘、金石寿、施召愚、万德懿题跋。

图中群峰突兀，危矶耸峙，急流飞湍，白雾缭绕，山间栈道蜿蜒迂曲，车马行人往来。用笔苍老凝练，沉稳雅健。

现藏临海市博物馆

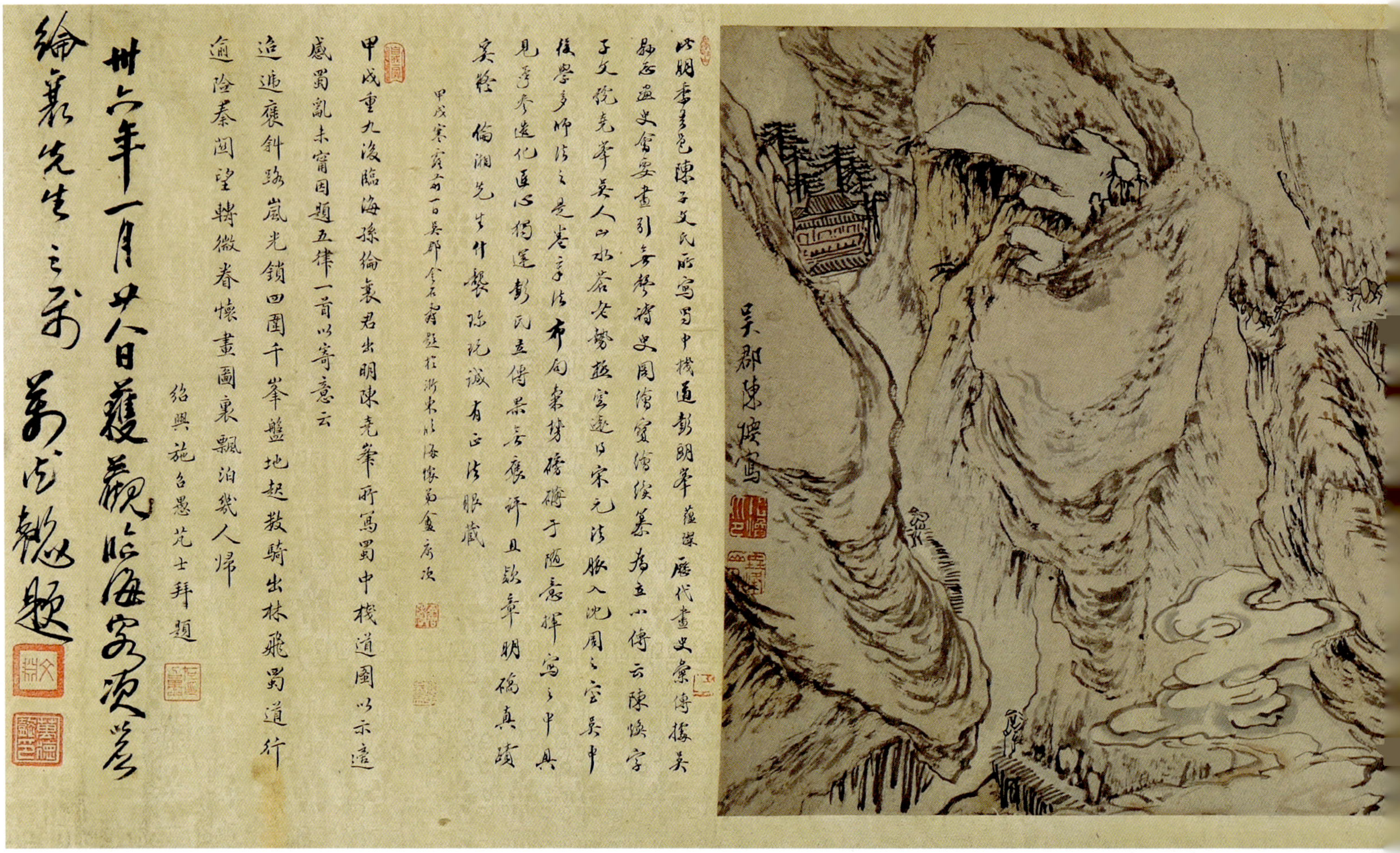
吴郡陳焕畫
甲戌重九後臨海孫倫襄君出明陳堯峯所寫蜀中棧道圖以示遂感蜀亂未甯因題五律一首以寄意云
迢遞褒斜路嵐光鎖四圍千峯盤地起數騎出林飛蜀道行逾險秦關望轉微眷懷畫圖裏飄泊幾人歸
紹興施岳愚梵士拜題
卅六年一月廿八日獲觀臨海家藏

明佚名范钦像轴

绢本。设色。纵164厘米，横95.5厘米

此图绘范钦官服大影，无款识。传为范钦七十岁肖像。画中范钦头戴乌纱帽，身着圆领红袍，胸前绘风宪官獬廌补子，腰带绘有缀金或玉饰板，正襟危坐于圈椅上。双目炯炯，神态肃穆庄重。笔法工致，线条挺拔，设色明净。

现藏宁波市天一阁博物院

明徐渭花卉册

纸本。墨笔。纵30.2厘米，横21.3厘米。八开

无款识。钤印："孺子""徐渭之印""青藤道士""袖里青蛇""徐渭""天池山人""文长""天池漱仙"。

此册分绘合欢、修竹、石榴、瓜、蟹、葡萄、牡丹、菊花、芙蓉，信手拈来，挥洒淋漓，气势奔放，并自题七绝诗。对页有傅宗行草书五律诗。

现藏浙江省博物馆

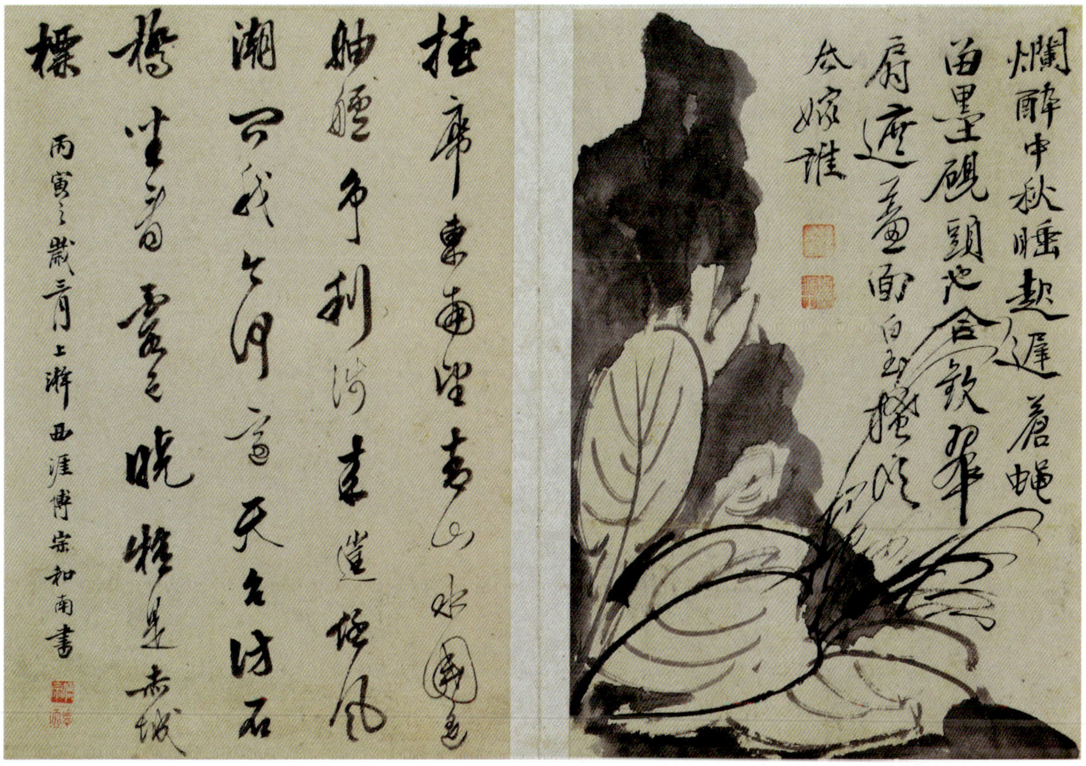

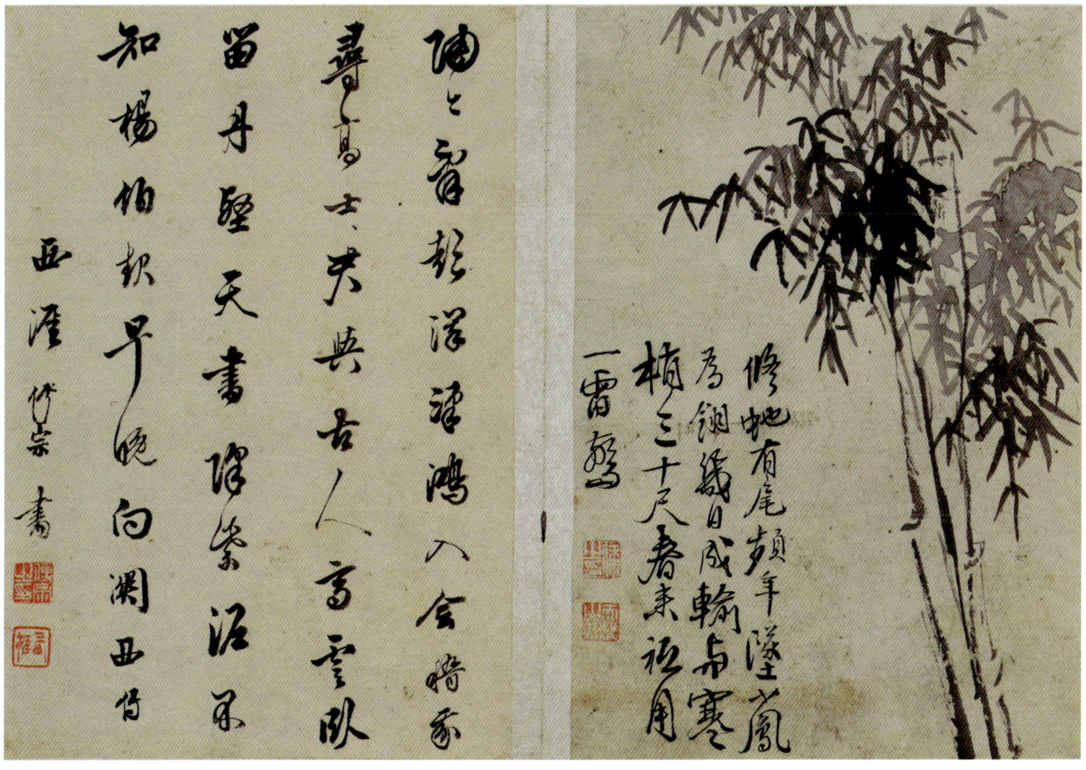

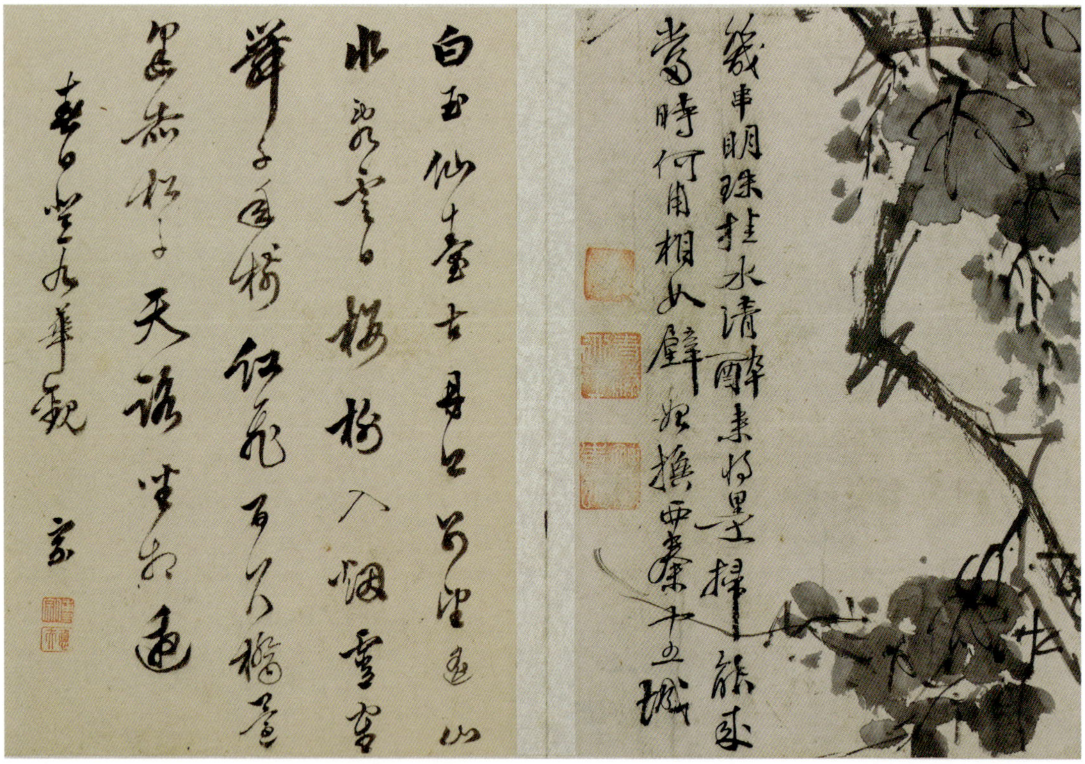

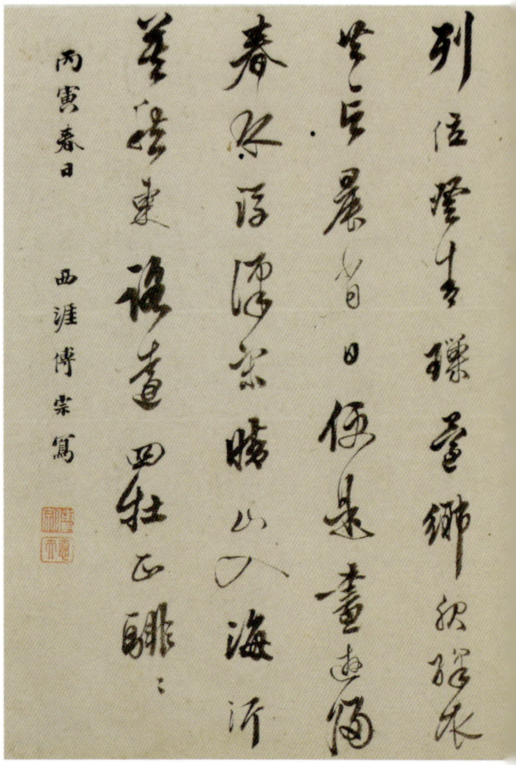

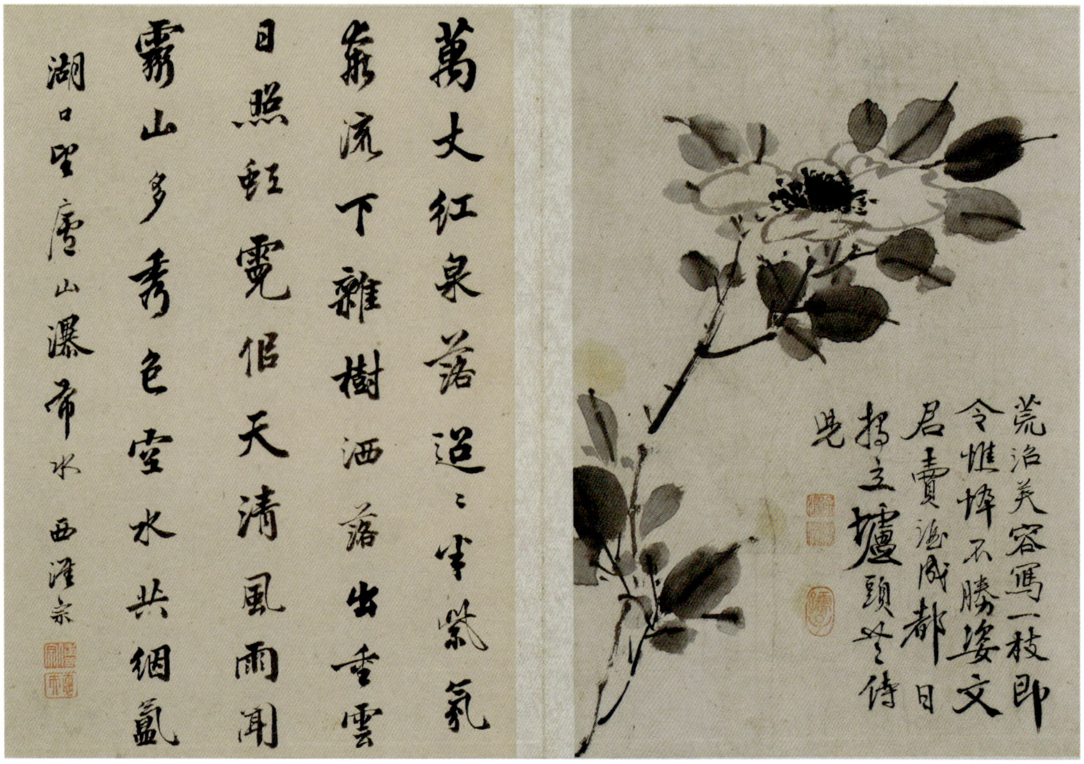
萬丈紅泉落迢迢半紫氣
奔流下雜樹灑落出重雲
日照虹霓似天清風雨聞
靈山多秀色空水共氤氳
湖口望廬山瀑布水 西淮宗

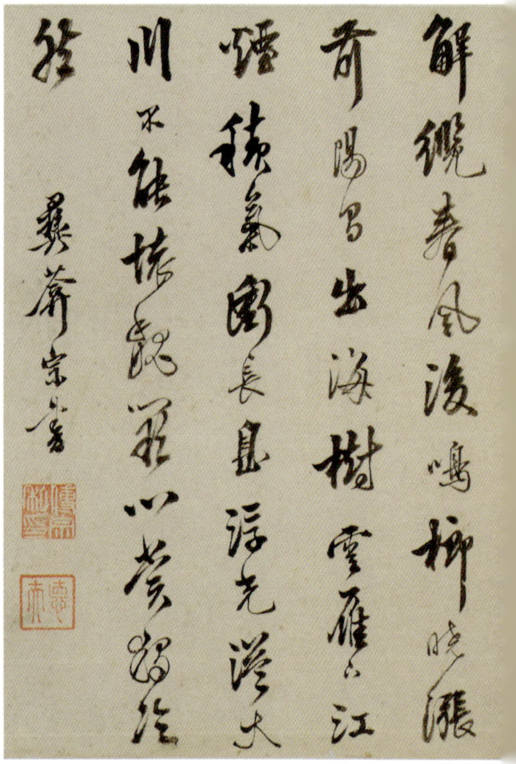

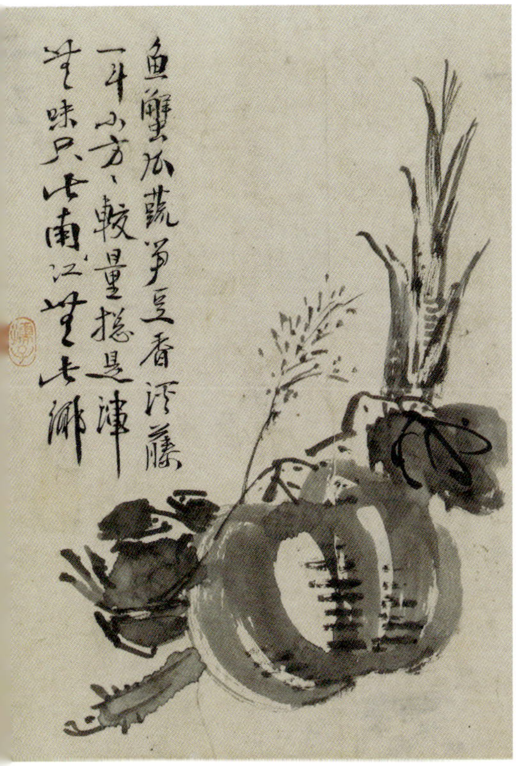

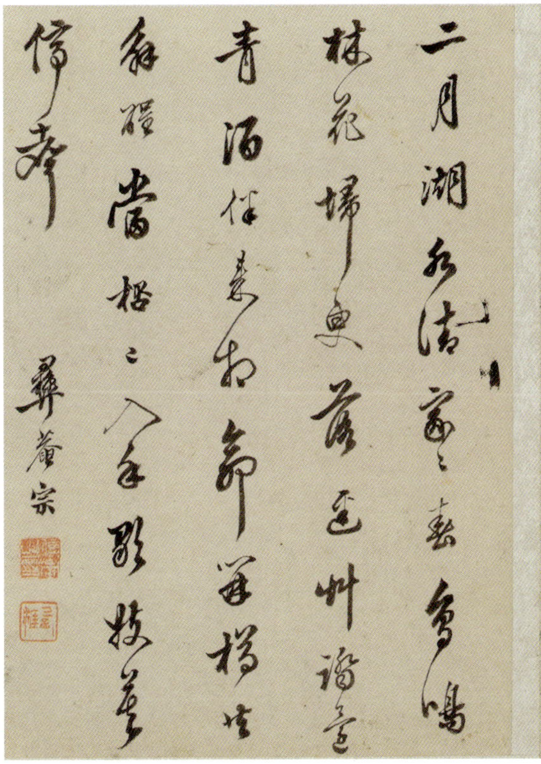

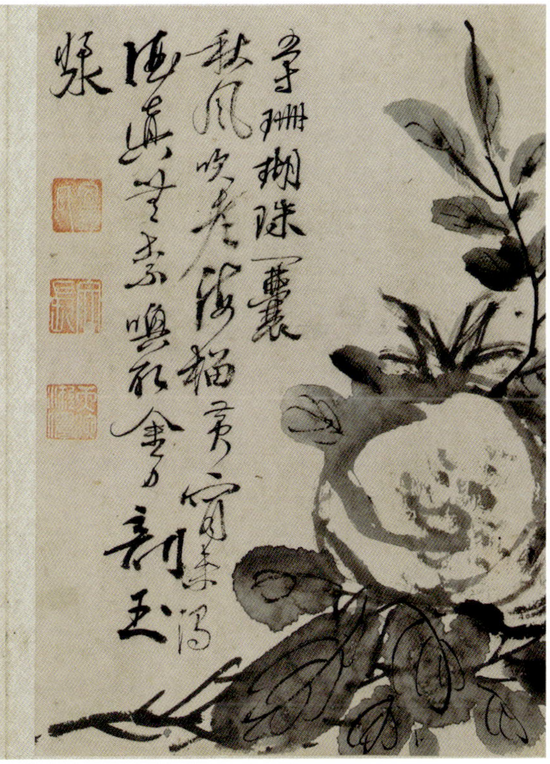

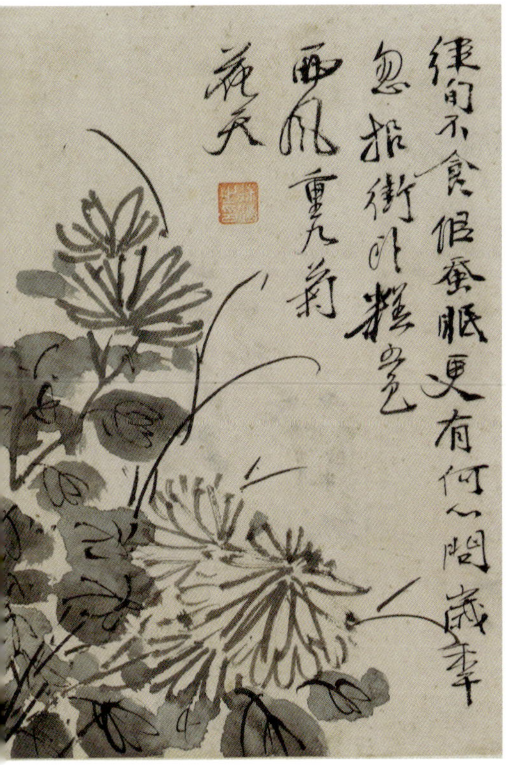

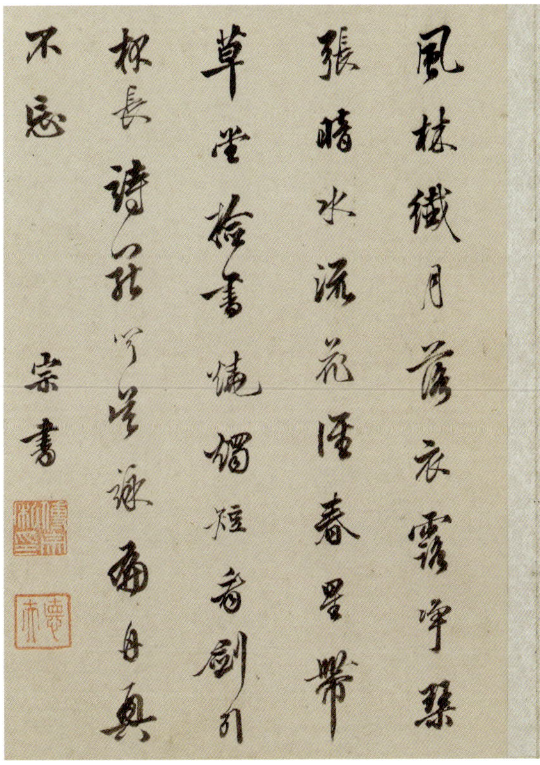

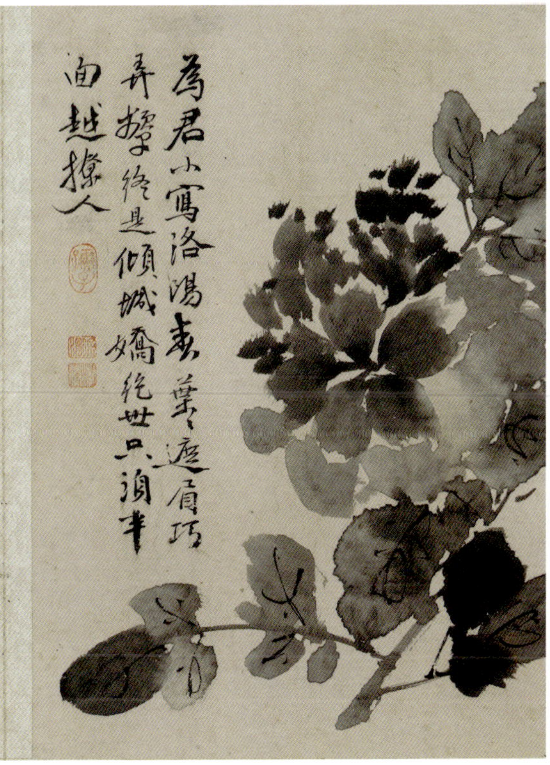

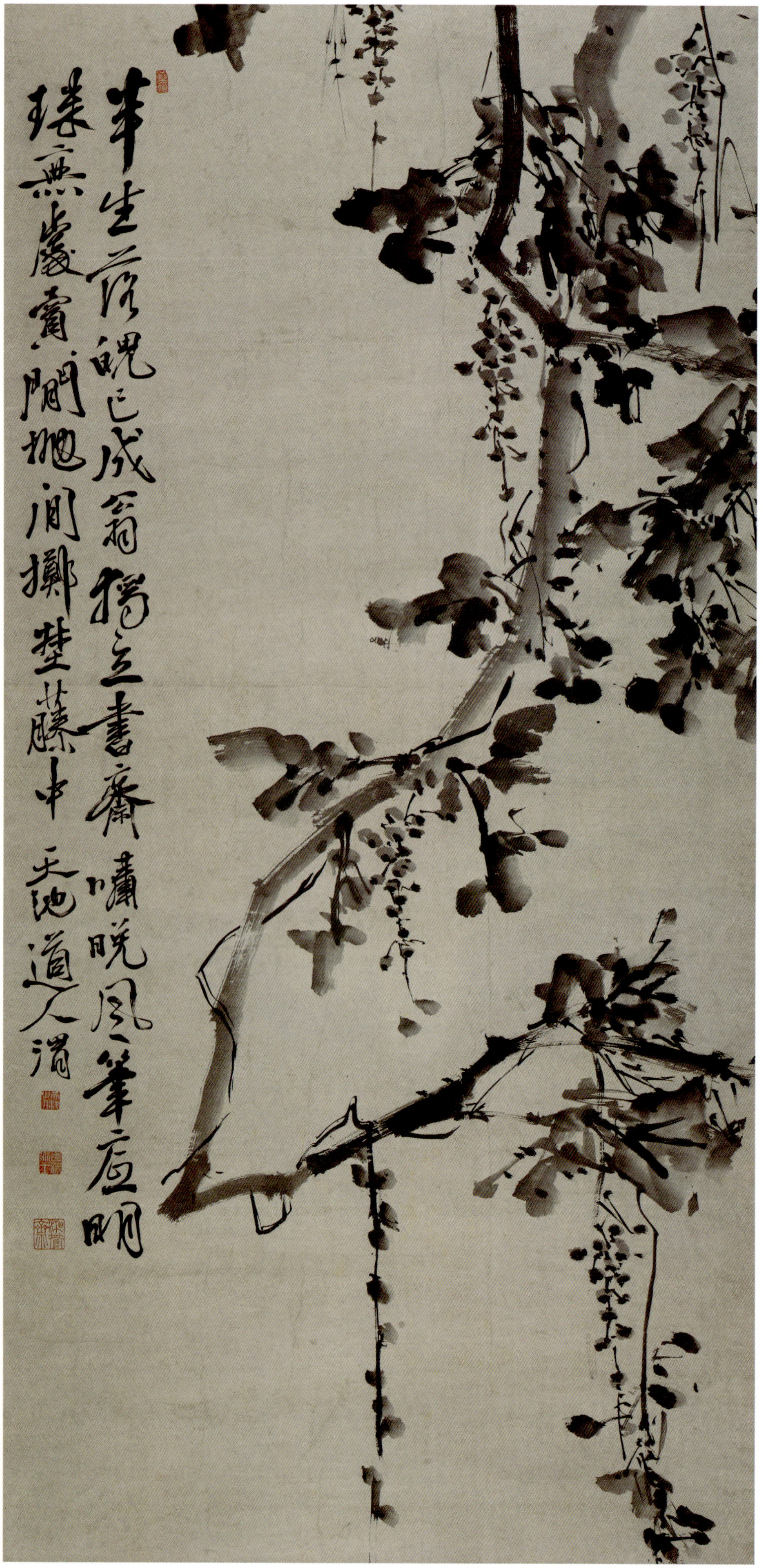

明徐渭墨笔葡萄图轴

纸本。墨笔。纵184.9厘米，横90.7厘米

款识：“半生落魄已成翁，独立书斋啸晚风。笔底明珠无处卖，闲抛闲掷野藤中。天池道人渭。”钤印：“天池山人”“青藤道士”“湘管斋”“公孙大娘”。

此图以大写意笔法画野藤葡萄，恣意挥洒，淋漓痛快，尽情宣泄对世态炎凉的愤懑之情和命途多舛的喟叹。

现藏浙江省博物馆

明周之冕花鸟册

纸本。设色。纵30.8厘米，横30厘米。八开

款识：“己卯春日周之冕戏写。”钤印：“之冕”“周氏服卿”“周之冕印”“服卿”“少谷山人”。

册首隶书题：“与造物游”，钤印：“陈履端印”“陈氏于始”“无障阁”。

王稚登、周天球、张献翼、张凤翼、陈履端对题七绝诗。

此册画八开，分绘“薝卜文禽”“栀枝鹡鸰”“红杏飞燕”“绣球花满”“芙蓉翠鸟”“水仙芝石”“桃花白头鸟”“稻香麻雀”，勾花点叶，兼工带写，生动活泼，情趣盎然。用笔爽利挺劲，色彩亮丽不俗。“己卯”为明万历七年（1579）。

现藏杭州博物馆

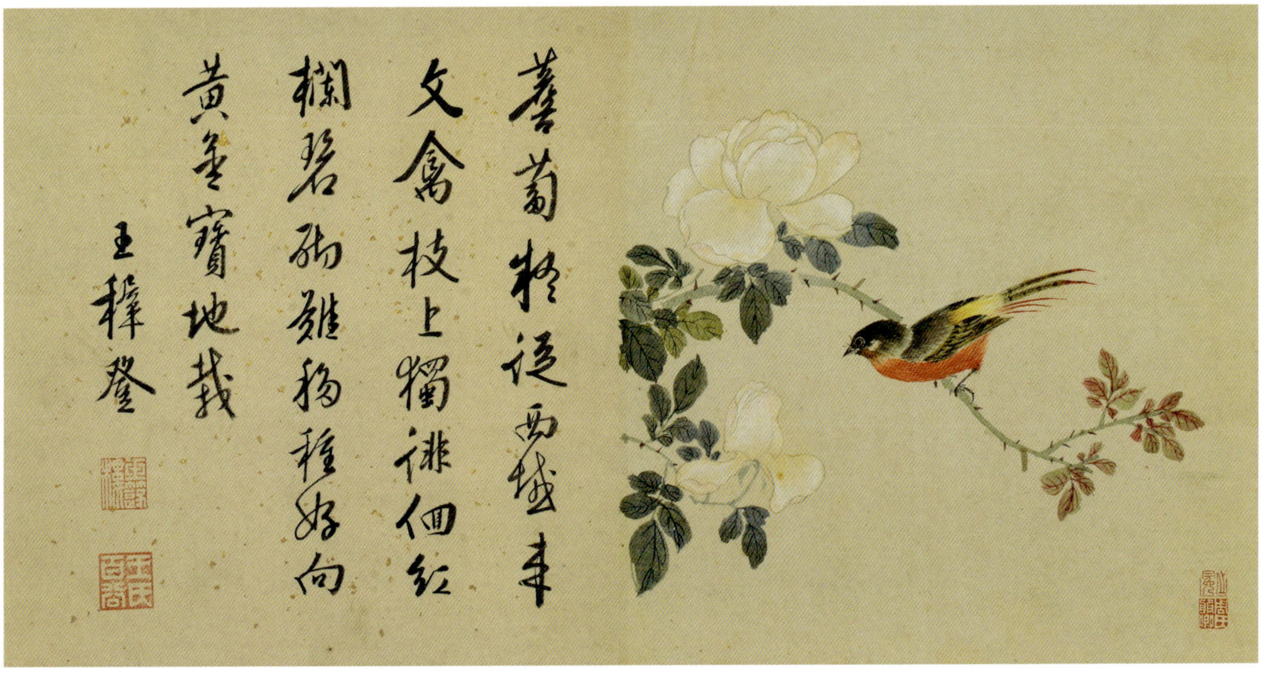

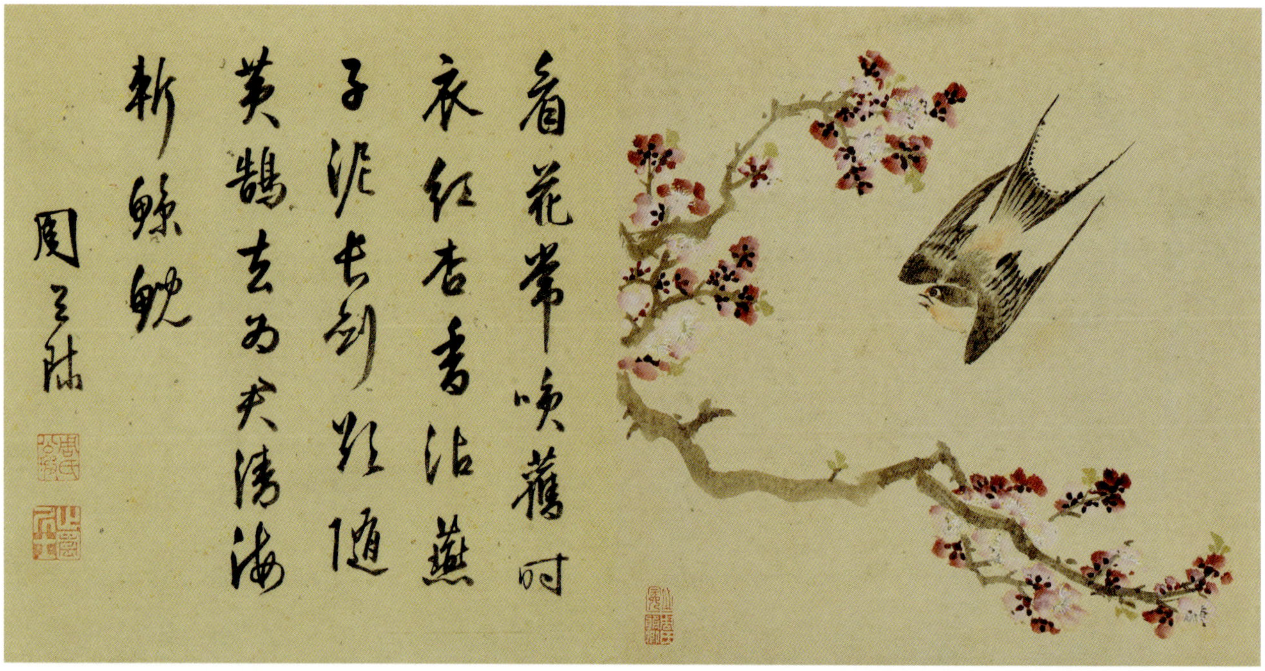

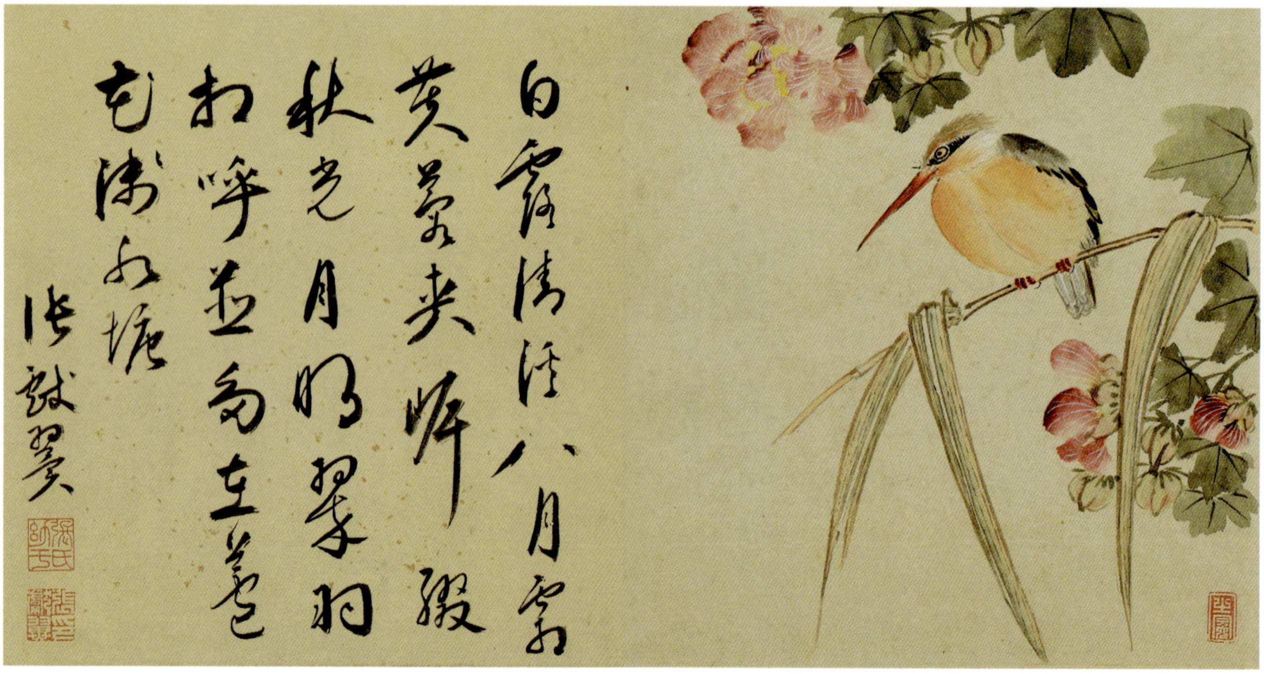

原上秋風生暮寒
雝渠兩〻啄沙灘人
間兄弟須看取此鳥
猶能念急難
王穉登

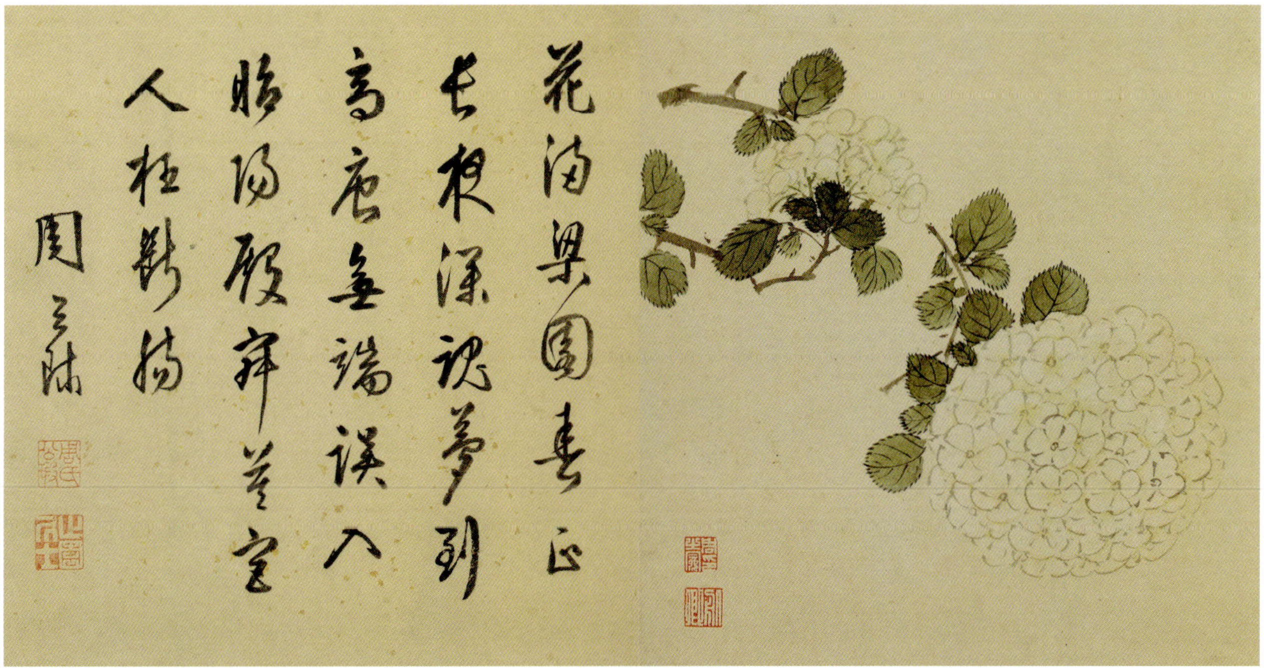
花滿梁園春正
長根深識夢到
高唐無端誤入
睢陽殿拜芙蓉
人枉斷腸
周之冕

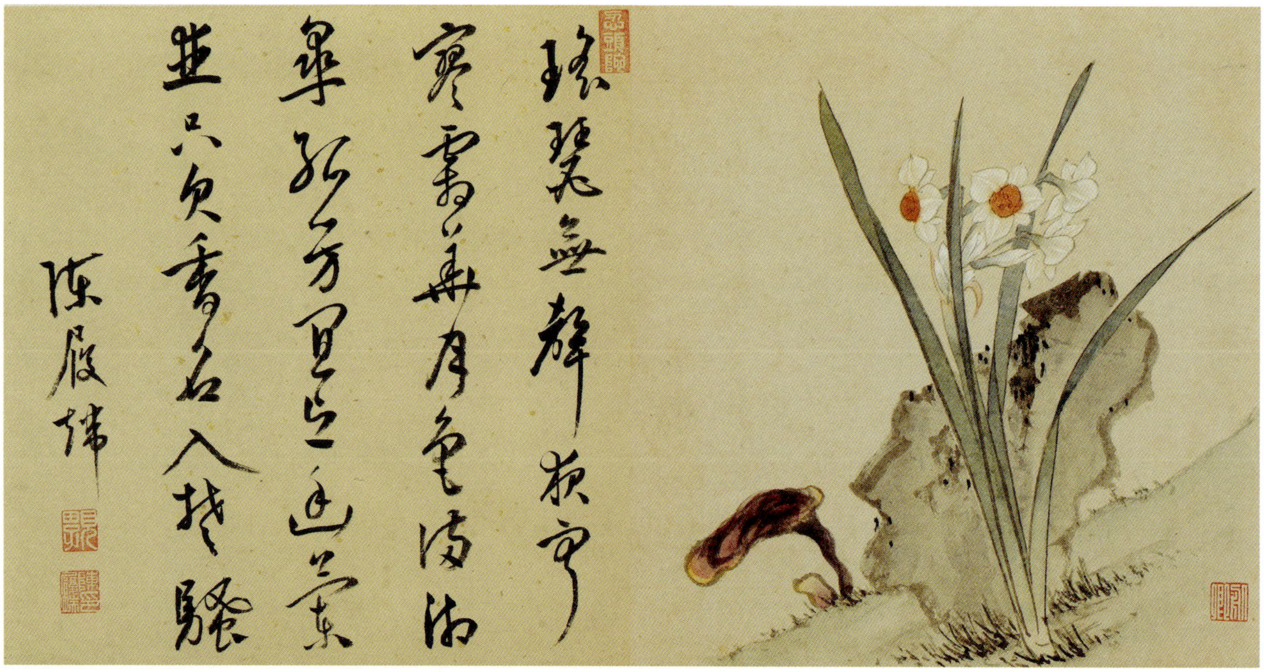

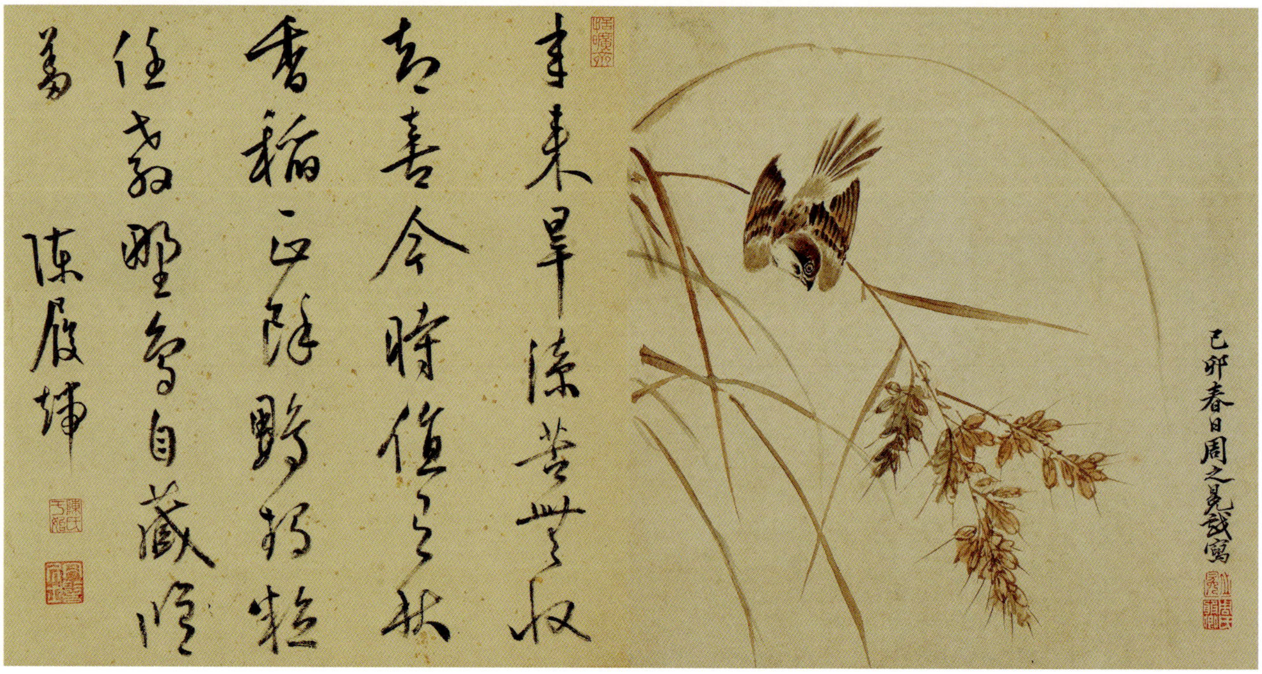
己卯春日周之冕戲寫

明周之冕梅竹野凫图轴

纸本。墨笔。纵131.9厘米，横62.1厘米

款识：“万历辛卯春日写，汝南周之冕。”

钤印：“周之冕印”“服卿”“墨花馆”。

此图以水墨出之，绘野凫栖息于枝干虬曲的老梅树下，间有几竿瘦竹摇曳多姿。树干、坡石挥写极为率意，用笔转折顿挫，清健凝练，墨色变化丰富。“万历辛卯”为明万历十九年（1591）。

现藏浙江省博物馆

明宋旭
松壑楼居图轴

绢本。设色。纵261.8厘米，横167.6厘米。

款识：“松壑楼居。万历乙未日长至，写于南泖旧观书屋，石门山人宋旭初旸识。”钤印：“槜李宋旭”“石门居士”“初旸氏”“崇德”。

钤鉴藏印：“古香楼”“汪季青珍藏书画之印”等。

此图巨幅大幛，气势宏伟，远处峰峦层叠，云雾缭绕。乔木丛树，高低偃仰，楼阁宝塔玲珑，秀出云表。近处有村舍茅亭，小桥溪流。山路回环，有野老村夫往来。游船泊岸，数人围坐饮酒，写实和寓意相结合，表现世外桃源情景。笔法厚实雄劲，古拙苍浑。为明万历二十三年（1595）宋旭七十一岁所作。

现藏桐乡市博物馆

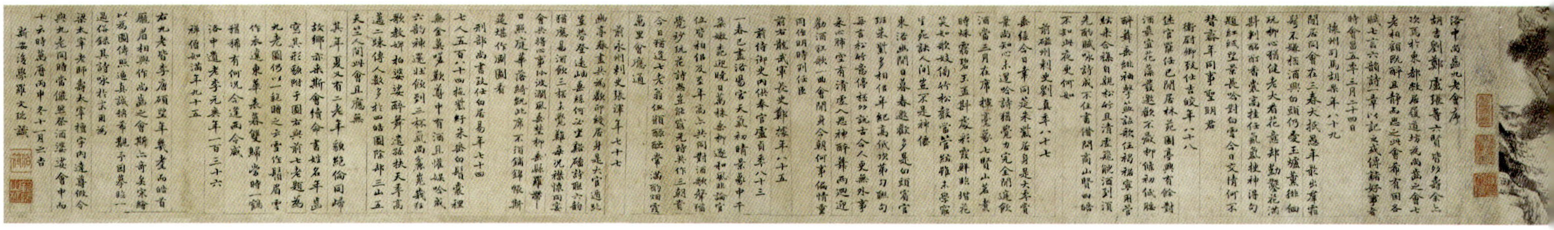

明罗文瑞洛中九老图卷

纸本。墨笔。纵25.3厘米，横198.4厘米

款识："右九老皆李唐硕望，年几耄而皓首庞眉，相与作尚齿之会，斯亦奇矣。宋绘以为图，传照逼真，诚称希觏。予因摹临一过，并录其诗咏于末，用为梁太宰老师寿。太宰擅宇内达尊，假令与九老同时，当俨然祭酒，婆娑会中而十云。时万历丙申冬十一月之吉，新安后学罗文瑞识。"钤印："伯符""罗文瑞印""范阳山樵""阿癡""豫章郡图书印""醉墨斋"。

此图临摹宋人《九老图》并录《洛中尚齿九老会序》，写唐代白居易与胡杲等九老致仕还乡，在洛阳龙门香山寺举行"尚齿"（敬老）之会典故，尊老敬贤，为老师梁太宰庆寿。图中九老或观赏书画，或簪花手舞足蹈，或围坐石桌弈棋，人物刻画生动诙谐。白描线条细劲秀洁，山石树木笔墨清劲。"万历丙申"即明万历二十四年（1596）。"梁太宰"应即明万历兵部、吏部尚书梁梦龙。

现藏浙江省博物馆

明关思奇山书屋图轴

纸本。设色。纵158.3厘米，横44.9厘米

款识："奇山书屋。吴兴关九思。"钤印："关九思印""仲通氏"。

此图山势盘纡，草木蒙茸，悬流曲折而下，山间苍松红树，屋宇隐现，山石奇诡。笔法苍秀绵密。

现藏浙江省博物馆

明赵左深居图轴

绢本。设色。纵88.7厘米，横33.8厘米

款识："深居图。庚戌人日赵左画。"钤印："赵左之印""文度氏"。

钤鉴藏印："醉□（仙）珍藏""天一阁"。

图中山峰耸峙，杂树交错，茅亭掩映，意境清幽。文士山中幽居，恬然自适。笔墨秀雅沉着，颇受董其昌影响。

现藏宁波市天一阁博物院

明蒋乾雪山行旅图轴

纸本。设色。纵170.8厘米，横38.5厘米

款识："乙巳春日蒋乾写，时年八十又一。"钤印："虹桥居士""至德里人"。

钤鉴藏印："修竹吾庐""朱别宥收藏记""天一阁"。

图绘岩壑深险，寒柯交错，雪山行旅，意境荒寒萧瑟。取法文徵明，干笔勾皴，用笔清拔劲峭。

现藏宁波市天一阁博物院

明孙克弘达摩渡江图轴

纸本。设色。纵123.8厘米，横54厘米

款识：“万历甲午冬，汉阳太守孙克弘写。”钤印：“雪居士”“汉阳太守章”。

陈继儒题禅偈一则（待考）。

此图绘南朝梁武帝时禅宗初祖达摩一苇渡江故事。达摩抿嘴回望，突眼扬眉，神情生动。衣纹粗笔勾画，用笔遒劲简逸，设色明净。“万历申午”，即万历二十二年（1594），孙克弘六十二岁。

现藏宁波市天一阁博物院

明李永昌仿元人山水图轴

纸本。设色。纵132.3厘米，横45.2厘米

款识："甲戌春日仿元人画。似泰如词丈。李永昌。"钤印："永昌""李氏周生"。

此图长峰高岭，峰峦隽奇，林木挺拔疏秀，楼阁掩隐于松林，挑夫行于山道。用笔细密秀润，清隽沉厚，颇具元人笔意。

现藏浙江省博物馆

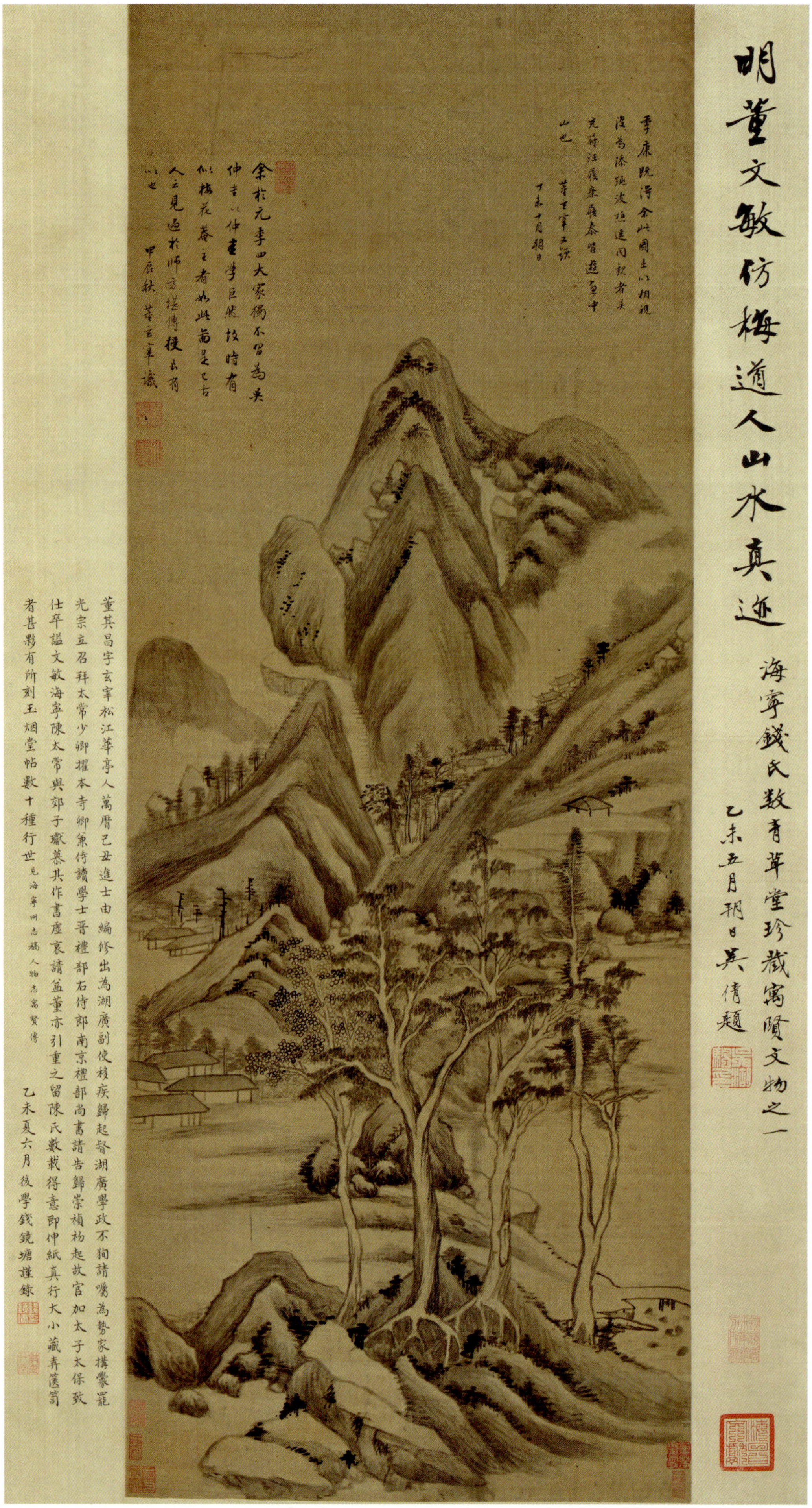

明董其昌
仿梅道人山水轴

绢本。墨笔。纵97.35厘米，横38厘米

款识："余于元季四大家独不习为吴仲圭，以仲圭学巨然故。时有似梅花庵主者，如此图是已。古人云：见过于师，方堪传授，良有以也。甲辰秋，董玄宰识。""季康既得余此图，出以相视，复为添跳波、樵径。同观者吴充符，汪履康、履泰，皆游画中山也。董玄宰又题。丁未十月朔日。"钤印："画禅""董其昌印""太史氏"。

钤鉴藏印："笔华墨雪""彳亍室""方受祚印""镜塘珍藏"。

裱边吴湖帆、钱镜塘题。

此图近处坡石上数株老木交错而立，枝干扭曲，顾盼有姿。远处峰峦光润俊秀，村舍疏树错落，云气流转。笔墨淡润雅逸，明洁隽朗。作于明万历三十二年甲辰(1604)，董其昌五十岁。三年后此图为季康所得，又加墨补画。现藏浙江省博物馆

明陈继儒梅花册

纸本。墨笔。纵26.3厘米，横18厘米。六开

画无款识。钤印：“眉公”“一腐儒”。

册页对题诗款识：“眉公。”钤印：“仲醇”“麋公”“眉公”“列仙之儒”“麋道人”“陈继儒印”。

钤鉴藏印：“李彭”“绍钱”“李氏家藏”“千卷楼主人藏过”“湛□清凤”“去非过目”。

此册画墨梅六开，折枝梅花，老干屈曲，秀枝细挺。勾瓣点蕊，潇洒率意，笔墨清隽简淡，得梅之风神，写胸中之清气。自书对题咏梅诗七绝六首，笔力沉郁俊逸。

现藏杭州博物馆

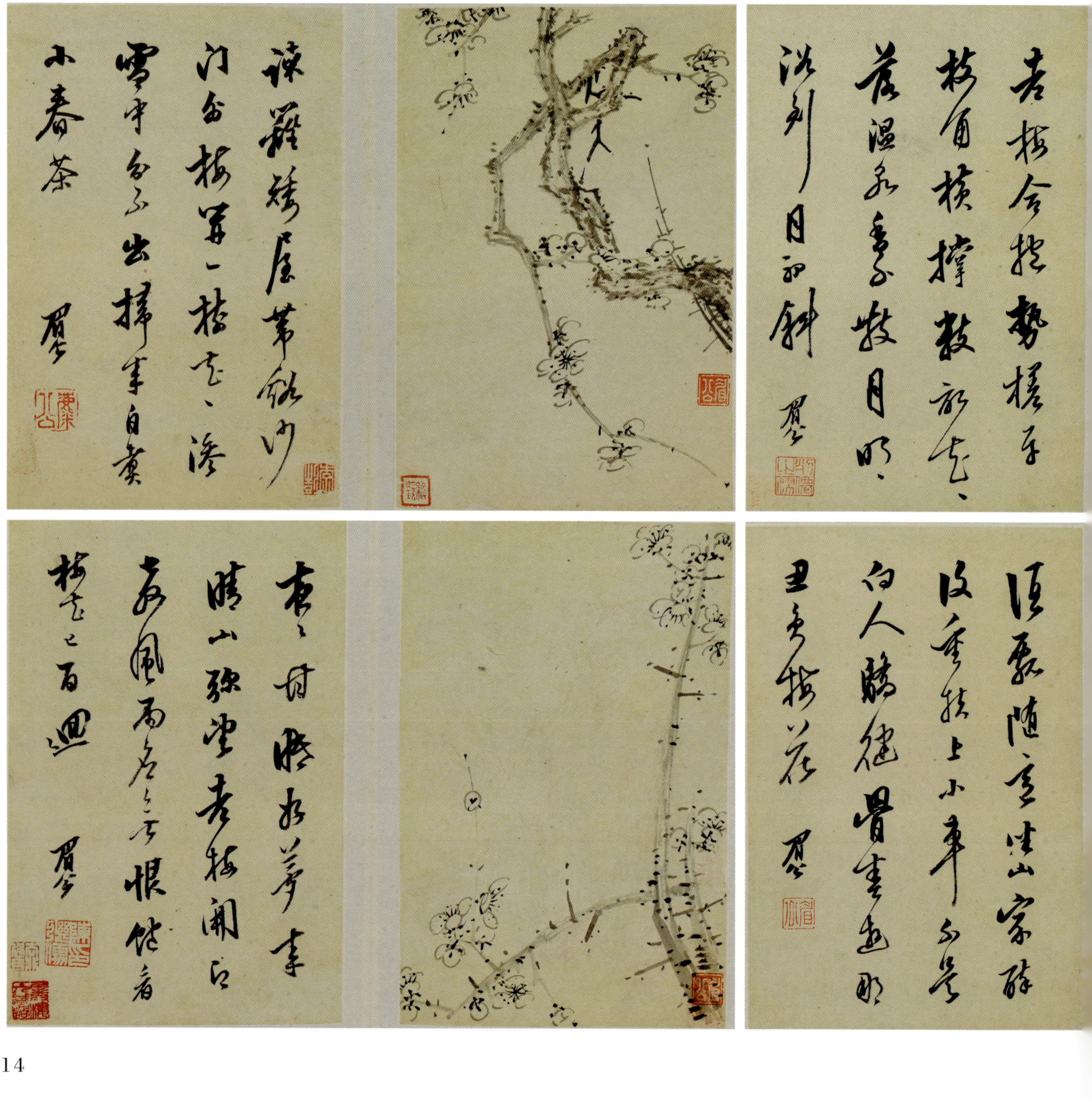

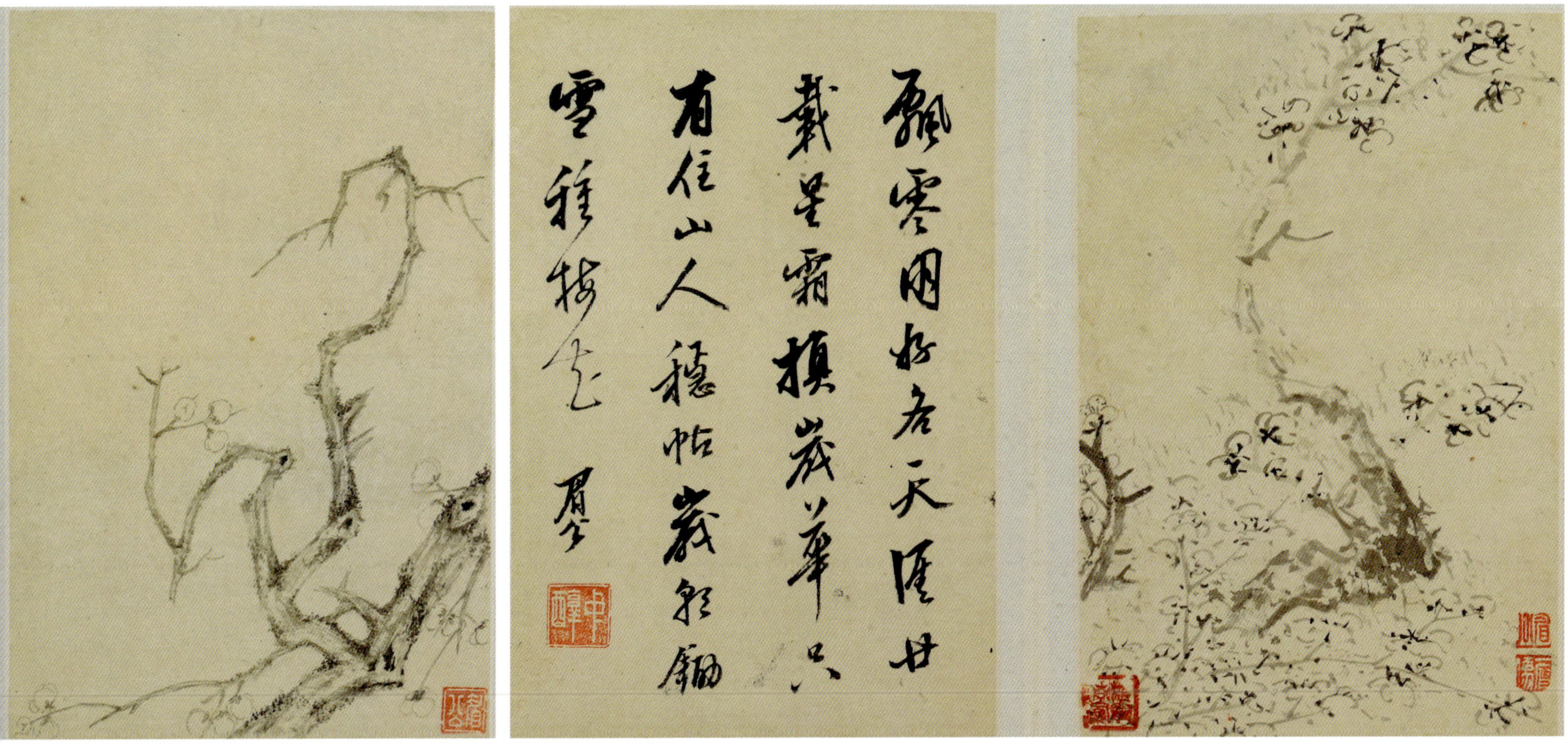

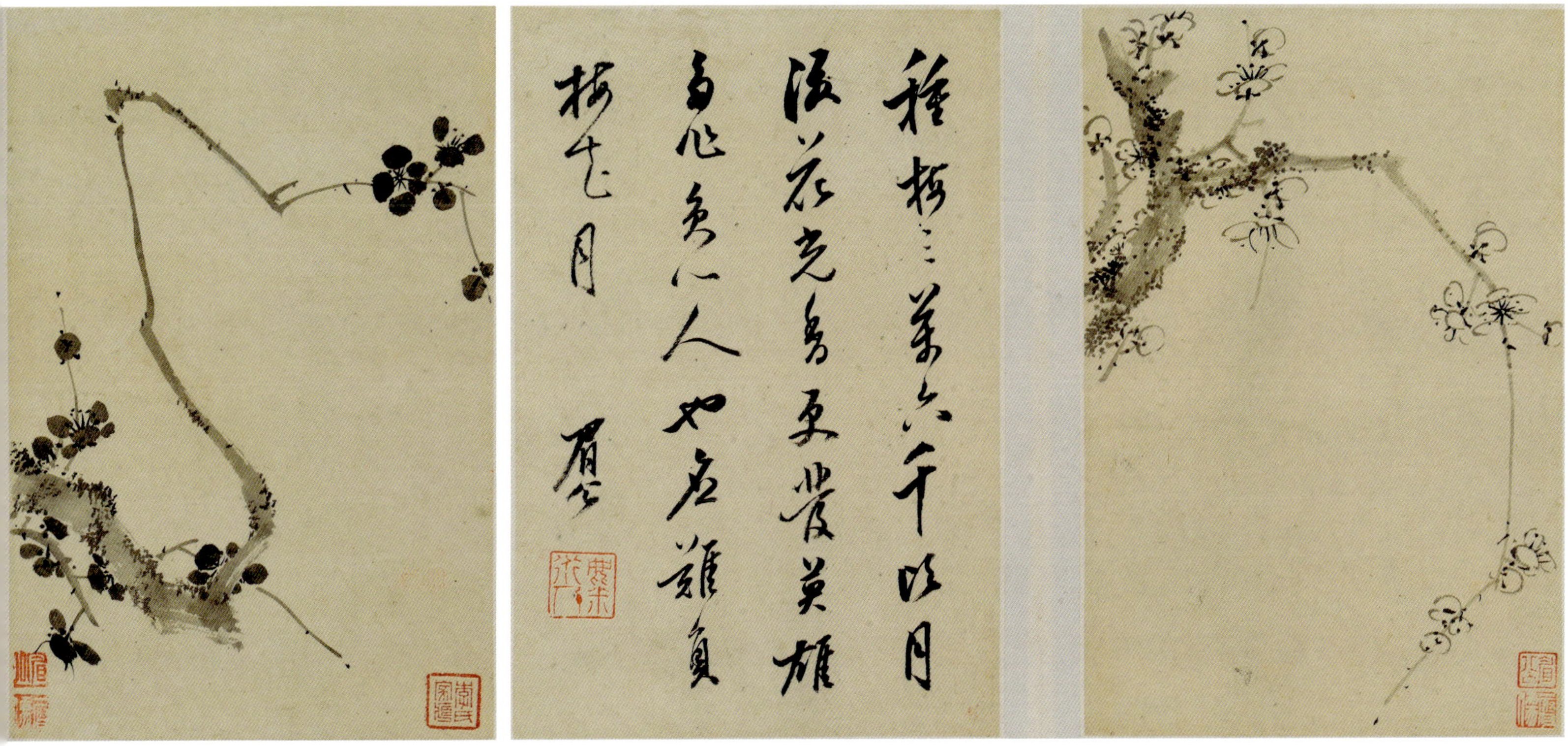

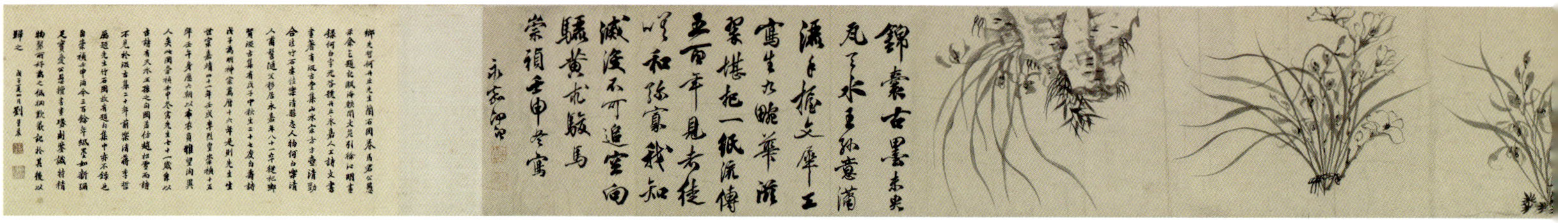

明何白兰石图卷

纸本。墨笔。纵28.5厘米，横280厘米

款识："崇祯壬申冬写。永嘉何白。"钤印："何白之印""鹤溪老渔"。自题七律一首。

陈善题引首，拖尾近现代刘景晨跋，钤印："刘景晨印""贞晦六十后诗书画记"。

钤鉴藏印："马公愚鉴藏记""公愚书画""冷翁"。

此图水际荇藻参差，数丛幽兰傍拳石而生，兰叶舞动，风度翩翩，笔墨清劲洒脱。作于明崇祯五年壬申（1632）。

现藏温州博物馆

九畹華滋
吳門陳鎏書

明潘志省雪竹图轴

绢本。墨笔。纵166.8厘米，横53.7厘米

款识：（1）“惟我东士，乃爱此君。紫苞赤箬，粉翳苍筠。用柔用刚，勿蔓勿陈。蒙霜冒雪，愈觉清真。丁卯四月省画并赋。”（2）“临苏。”钤印：“潘志省印”“公理氏”“他山草堂”。

钤鉴藏印：“海昌钱镜塘藏”。裱边钱镜塘题。

此图以浓墨写竹叶，层层叠叠，老笔纷披，淡墨渲染，借地为雪，营造蒙霜冒雪、不畏岁寒的高洁之意。

现藏浙江省博物馆

明宋懋晋
匡山读书图轴

纸本。墨笔。纵145.5厘米，横75厘米

款识：“万历癸卯春三月，仿黄鹤山樵匡山读书图。华亭宋懋晋。”钤印：“明之”“宋懋晋印”。

裱边钱杜题。

图绘长松茂林，巉岩飞瀑，茅屋临流，文士读书其中。取法王蒙，笔法绵密秀劲。“万历癸卯”为明万历三十一年（1603）。

现藏浙江省博物馆

明孙枝西湖纪胜图册

绢本。设色。纵32.9厘米，横38.9厘米。画十四页

款识："法相寺，孙枝""紫阳庵，孙枝""孤山，孙枝写"等。钤印："孙枝""华林""叔达""叔达父""叔达氏"。

册前莫是龙题"山水清音"，周天球题"西湖纪胜"。钤鉴藏印："朱别宥收藏记""别宥斋""鼎煦之印"。

对页汤焕、盛世民各题诗三页。

此册以写实的手法描绘杭州西湖十四景，每页标注景点名称，分别为法相寺、紫阳庵、孤山等。画法规模文徵明，笔法清劲谨密，设色清丽雅致。

现藏宁波市天一阁博物院

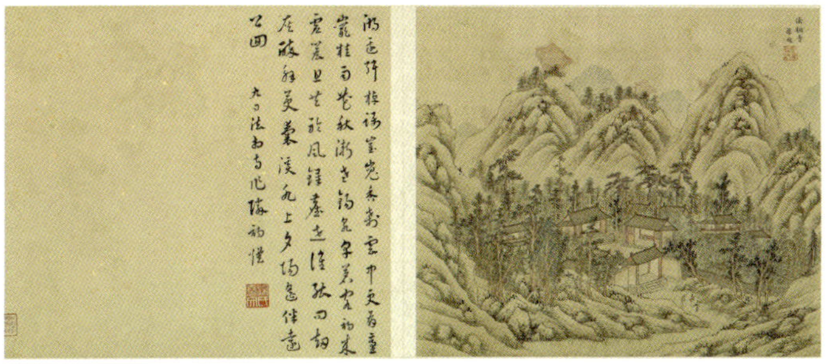

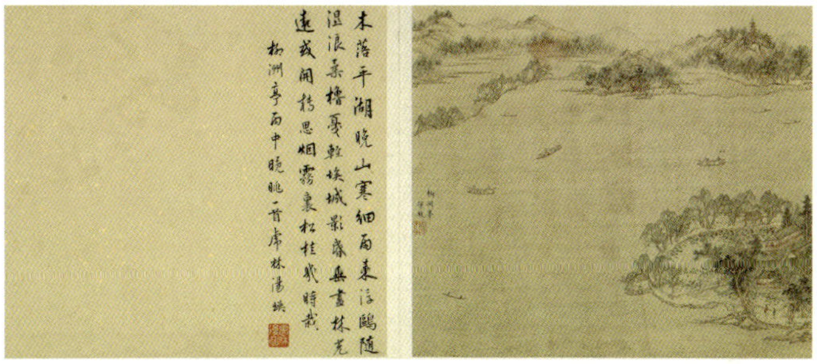

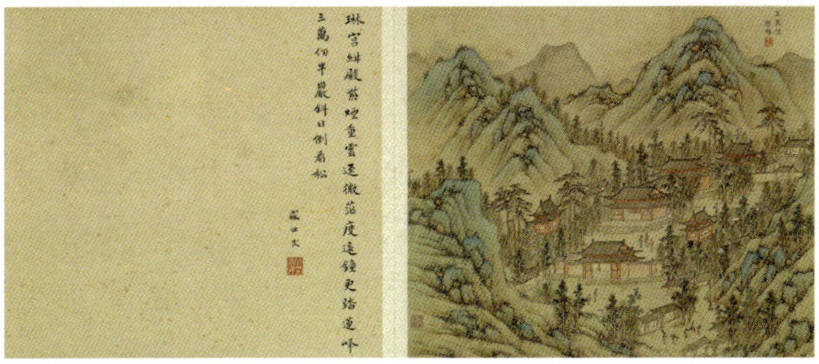
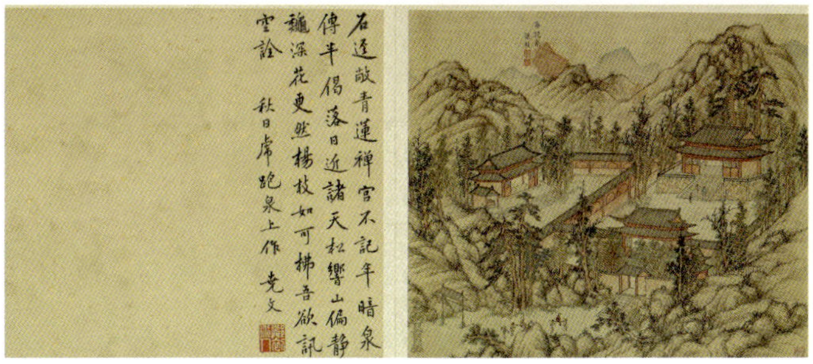

法相寺
孫枝

紫陽庵
孫枝

孤山
孫枝寫

煙霞洞
孫枝

八僊臺
孫枝

太虛樓
吳郡孫枝寫

靈隱寺
孫枝